LE THÈME LATIN

ET

LA VERSION LATINE

(Leur utilité, leur méthode, applications de la méthode)

A L'USAGE DES ÉLÈVES DES CLASSES DE LETTRES

PAR

GEORGES ANQUETIL

DIPLÔMÉ DE LA FACULTÉ DES LETTRES DE PARIS

PARIS

H. DARAGON, ÉDITEUR

30, RUE DUPERRÉ, 30

1903

LE THÈME LATIN

ET

LA VERSION LATINE

LE THÈME LATIN

ET

LA VERSION LATINE

(Leur utilité, leur méthode, applications de la méthode)

A L'USAGE DES ÉLÈVES DES CLASSES DE LETTRES

PAR

GEORGES ANQUETIL

DIPLÔMÉ DE LA FACULTÉ DES LETTRES DE PARIS

PARIS

H. DARAGON, ÉDITEUR

30, RUE DUPERRÉ, 30

1905

A MON ANCIEN PROFESSEUR DE PREMIÈRE

MONSIEUR VOISIN

Souvenir respectueux et reconnaissant

GEORGES ANQUETIL.

EXPLICATION DES SIGNES ET ABRÉVIATIONS

Signes

Le signe § veut dire : Paragraphe.

Le signe = veut dire : égale..., équivaut à...

Les crochets [ ] renferment des mots ajoutés.

Abréviations

Cf. = « Confer ».
Ch. = Chapitre.
Gr. Lat. = Grammaire Latine.
N. B. = « Nota Bene ».
P. = Page.
Qqn. = Quelqu'un.
Subj. = Subjonctif.

AVERTISSEMENT

Je tiens tout d'abord à bien délimiter le but de ce modeste travail qui n'a été fait que pour faciliter la besogne des élèves, essayer de leur donner un peu de goût pour le latin et surtout leur indiquer une méthode qu'ils puissent avoir constamment sous les yeux, car il ne leur suffira pas de parcourir ces pages à la hâte, mais il leur sera nécessaire de les bien pénétrer et de faire un effort vraiment sérieux pour s'efforcer de suivre les conseils qui leur sont donnés ici. C'est qu'il y a en effet, même pour l'étude du latin une méthode à suivre et l'on verra dans la suite combien elle est simple et facile à appliquer.

C'est à dessein que je n'ai point voulu entrer dans le détail afin de ne point grossir ce petit livre qui ne doit servir que de base à l'étude du latin. D'ailleurs, pour ce qui concerne la version latine, Monsieur Yrondelle, professeur de première au collège d'Orange, venant de publier un livre fort intéressant : « la Version Latine au Baccalauréat[1] », le lecteur pourra se reporter à ce livre d'une lecture si agréable, quand il sera accoutumé à notre méthode, afin d'achever l'étude spéciale de la traduction. — L'auteur y étudie en effet de très près les nuances de beaucoup de mots[2] ; y donne la traduction de nombreux latinismes et y indique la façon de rendre certaines figures. On y trouve enfin d'autres renseignements précieux que je me ferai un plaisir de signaler au cours de cette étude, mais que je me suis absolument

1. Vuibert et Nony, Ed. — 1905.

2. Car, comme il le fait judicieusement remarquer, il ne saurait y avoir dans aucune langue de mots adéquatement synonymes.

interdit de donner, ayant voulu que cet opuscule ne fût qu'un guide sûr — autant que possible — pour ceux qui ne tendent qu'au baccalauréat, trop heureux si ce but — que me permet d'espérer l'approbation de plusieurs membres de l'Université qui ont feuilleté les pages suivantes — se trouve jamais réalisé !

G. Anquetil

Sèvres, ce 7 mars 1905.

INTRODUCTION

VAGUE APERÇU SUR L'UTILITÉ DU LATIN

Aujourd'hui que la langue d'Homère est presque complètement délaissée et que nos jeunes élèves traduisent presque à contre-cœur les discours de Cicéron ou les pastorales de Virgile, le latin est menacé de disparaître presque aussi entièrement que le grec.

Les médecins vont abuser de leur mémoire pour retenir les termes jusqu'ici harmonieux de la chimie; les jurisconsultes seront obligés d'avoir recours à de puérils dictionnaires, comme on en voit déjà, pour comprendre les citations de droit Romain et les avocats ne pourront plus, par quelques mots bien choisis et bien jetés au milieu de leurs brillantes plaidoiries, éblouir l'esprit attentif des jurés émerveillés.

Voilà une partie de ce que doivent nous faire craindre les réformes nouvelles, mais ce ne sont encore que de bien minces inconvénients. Nous ne voulons point voir à la sortie de la quatrième et au seuil de la troisième tant de jeunes gens rebutés du latin, tout simplement, la plupart du temps, par ouï-dire. Nous voulons que, les élèves aillent jusqu'au bout de cette étude indispensable qui est une si merveilleuse sauve-garde contre l'étourderie et l'inattention. Nous voulons enfin que le jeune homme qui a fait des études dignes d'être trouvées complètes puisse traduire et comprendre *lui-même* les beautés de la langue latine, inconnues des profanes et réservées à ceux-là seuls qui veulent et qui peuvent pénétrer dans les sanctuaires d'Ovide et d'Horace.

Trop de langues dérivent du latin pour qu'il

puisse l'ignorer! Trop longtemps le peuple romain a dominé l'univers pour qu'il lui soit permis d'ignorer l'idiome que maniait le fameux Sénat à la politique duquel tout devait céder. Car nous les avons, ces admirables discours si habiles et si persuasifs que les Sénateurs, changeant successivement quatre fois d'avis à propos d'une même affaire, ne savaient de quel côté se ranger. C'est dans les vigoureux discours des tribuns au peuple que Mirabeau a puisé son éloquence mâle et que le jeune homme trouvera l'école de l'énergie virile, singulièrement en contraste avec la mollesse efféminée du xxe siècle.

Eh quoi! vous voulez que dans les salons l'érudit moderne émette des jugements sur des écrivains qu'il ne connaît que par de fausses traductions. Qu'on demande à celui qui a su goûter les charmes du latin si les traductions sont propres à vous en faire ressortir toutes les beautés. Il vous répondra certainement par le célèbre aphorisme italien : « Traduttore, traditore ». J'entendais encore dernièrement un Universitaire se plaindre de ne pouvoir faire passer en français le style si vigoureux, si concis et si éloquent d'un Tacite : « Qu'il » connaîtrait mal cet historien, disait-il, celui » qui n'aurait lu que la traduction française de » ses œuvres ! Et pourtant combien l'humanité » a-t-elle produit d'écrivains qui lui soient » comparables ? Il n'y a peut-être pas un seul » historien qui ait eu toutes ses qualités à leur » suprême degré. » — Il y a sans doute de si beaux passages et de si belles pensées dans un Cicéron ou dans un Sénèque, de si beaux tableaux et de si belles descriptions dans un Virgile ou dans un Lucrèce que les plus mauvaises traductions ne sauraient nous les cacher, mais lisez le texte latin et quelle différence ! Quel enchantement véritable pour celui qui peut comprendre et traduire par lui-même !

En outre « l'Etude du latin est une province de la logique plus qu'une série d'habitudes mécaniques », comme le dit M. Paul Crouzet dans la préface de sa *Grammaire Latine simple et complète* [1] où il conclut ainsi le dernier chapitre consacré à la construction latine : « Toutes les observations de cette cinquième partie, en montrant comment la phrase latine, » par l'ordre des mots, représente exactement » l'enchaînement logique des idées et leur importance relative, expliquent en même temps » pourquoi la pratique de la langue latine a » tant d'importance pour la formation logique » des esprits. » Pour deux esprits d'intelligence égale, celui qui aura fait du latin sera supérieur à celui qui n'en aura point fait. Ce dernier ne saura jamais tourner une phrase française aussi bien que le premier, dont la jeunesse a été passée, pour la plupart du temps tout au moins, au milieu des chefs-d'œuvre latins.

Enfin qui saurait contester la valeur des

1. Cette petite grammaire que je ne saurais trop recommander pour les *révisions* a été publiée en 1903 à Paris, chez Didier, éditeur.

services que rend le latin par l'étymologie ?

On trouvera d'ailleurs d'autres avantages de l'étude du latin, dans les deux chapitres où nous nous efforcerons de montrer l'utilité du thème et de la version. (Ch. I de la Ire partie et ch. I de la IIe partie.)

Or le seul moyen d'éviter la ruine du latin, c'est d'en donner le goût aux élèves de nos lycées et collèges, de leur en montrer les beautés et d'ôter une idée malheureusement trop souvent préconçue en leur découvrant tout l'agrément qu'on puise dans la traduction, soit du français en latin, soit du latin en français.

PREMIÈRE PARTIE

DU THÈME LATIN

CHAPITRE PREMIER

UTILITÉ DE CET EXERCICE

Je préfère commencer par le thème latin, estimant qu'il doit nous conduire logiquement à la version latine. Jamais vous ne trouverez un élève réussissant régulièrement en version latine qui ne soit fort en thème. Et pourtant, si vous demandez par hasard à un élève son opinion sur le thème latin, il s'empressera de vous répondre, en affectant un air dédaigneux : « Oh ! je vous en prie, laissez de côté cet exercice fastidieux. Ceux qui « bûchent » le thème sont de purs nigauds ! » Et si vous passez à un autre, la réponse sera identique : Qui dit premier en thème dit niais. C'est clair et malheureusement, c'est l'opinion courante. Elle est tout à fait fausse et nous n'aurons point de mal à l'établir.

Tout d'abord il est fort étrange que le thème qui est une tâche réservée aux faibles d'esprit conduise si naturellement à la version qui montre plus que tout autre exercice l'intelligence de l'élève, comme nous nous proposons de le montrer dans la suite.

Mais en outre le thème latin apprend avant tout à avoir l'esprit régulier, attentif et méthodique, cultive la mémoire par l'application constante des règles de l'inexorable grammaire, corrige de l'étourderie et de l'inattention et est enfin un excellent exercice de français et d'intelligence [1] : Voyons comment et nous ver-

---

1. Comme le dit M. Martel dans la préface de son excellent cours de thèmes oraux édité chez Garnier, « l'exercice du thème ne disparaîtrait pas de l'enseignement classique, sans qu'il en résultât le plus grave préjudice pour la connaissance exacte et sûre de la langue latine. »

rons en même temps l'intérêt qu'il présente et le charme qu'il offre à celui qui le fait avec plaisir et goût. On trouvera d'ailleurs plus loin l'utilité spéciale du thème pour la version[1]. Oh ! évidemment le paresseux se plaindra toujours, mais quelle chose sérieuse saurait l'intéresser ? Nous nous adressons aux jeunes gens studieux et de bonne volonté.

C'est qu'en français tout d'abord un même mot a souvent plusieurs sens. Or en latin, chacun de ces sens se traduit la plupart du temps par un mot différent. C'est donc à l'élève *intelligent* qui comprend son texte, de bien saisir la nuance du terme qu'il a à traduire[2]. Puis, quand

---

1. Au reste nous renvoyons le lecteur à l'excellente page qu'a écrite Diderot sur l'utilité du thème.

2. Par exemple nous avons à traduire : Il a su prendre Paul comme il le fallait. Nous ouvrons le dictionnaire français latin de Quicherat et Chatelain et nous voyons trente-quatre sens du mot prendre. Pour chacun de ces sens un mot spécial sera meilleur et rendra mieux la nuance qu'a le mot en français. Dans le cas présent nous verrons que ce sont *habere* et *tractare* qui, seuls, traduisent l'idée de : se conduire à l'égard de quelqu'un, traiter... On voit donc par là quel excellent exercice de

il aura un peu l'habitude du latin, quand il sera déjà arrivé à une certaine force, il relira son travail une fois fini et à la simple lecture, il

---

français demande le thème latin, car pour fixer les idées voici ce que je lis dans le dictionnaire au mot prendre :

1°) Saisir, mettre en sa main, tirer à soi (autrement qu'avec la main), enlever ; 2°) mettre sur soi (des habits, etc.,) revêtir ; 3°) emporter avec soi, prélever, retrancher (au prop. et au fig.) 4°) dérober en cachette, ôter par force ; 5°) emmener ; 6°) amener (des eaux) ; 7°) se saisir par force de qqn ; — arrêter ; 8°) s'emparer de (à la pêche — à la chasse) ; se rendre maître de (au prop. et au fig. (— 9°) attaquer, surprendre ; au fig. survenir à qqn. (en parlant d'une maladie) — 10°) manger, boire, 11°) conduire qqn. (à part) ; 12°) recevoir accepter ; au fig. { attribuer, interpréter, se charger de } ; 13°) demander un prix pour ; 14°) acheter ; 15°) s'engager dans un chemin, suivre ; 16°) choisir ; 17°) emprunter, tirer de ; — 18°) se donner (de la peine) ; endurer ; 19°) { consumer, employer, occuper } ; 20°) user de ; 21°) commencer ; 22°) commencer d'avoir (au prop. et au fig.), contracter ; 23°) être disposé de telle manière à l'égard de. 24°) se conduire à l'égard de qqn. ; traiter ; 25°) — pour { estimer, juger, croire } ; 26°) neutre : jeter une racine, 27°) { se congeler, se coaguler } 28°) { Happer, se coller, adhérer } ; 29°) se diriger ; 30°) retrancher de, empiéter sur ; 31°) survenir à qqn. (en parlant du sentiment, etc...) 32°) supposer ; 33°) s'allumer ; 34°) locutions diverses.

verra si sa traduction a le tour latin et conserve bien l'harmonie qui caractérise avant tout ce langage.

Une fois qu'il aura vu par lui-même, on n'aura plus qu'à l'empêcher de... travailler exclusivement le latin! Du reste, quand nous vous aurons donné les conseils nécessaires pour le thème latin, vous verrez que c'est autre chose que de feuilleter les pages d'un énorme dictionnaire pour mettre le premier mot venu à la place d'un autre, bref, faire le travail d'une machine. — — (Nous donnerons à ce sujet, à propos de la version latine, l'opinion de M. Clairin.)

CHAPITRE II

MÉTHODE A SUIVRE POUR FAIRE UN BON THÈME LATIN

Pour faire un bon thème latin, voici ce qu'il faut savoir et faire :

I°) Avant tout il faut connaître SANS AUCUNE HÉSITATION toute la morphologie. Tant que vous en ignorerez quelque partie, il n'y aura absolument rien à faire, aussi bien pour la version que pour le thème. Voilà donc qui est bien entendu. (Il me semble qu'on n'attache pas actuellement une importance assez grande aux règles qui président à la FORMATION DES TEMPS et qui facilitent énormément la mémoire) — (Enfin connaître aussi bien que les autres, les substantifs et verbes irréguliers (très fréquents en latin).

II°) Connaître très bien toutes les règles de la grammaire (syntaxe et méthode). Les apprendre jusqu'à ce que l'esprit les possède bien et les repasser constamment. (M. Yrondelle, dans son livre, a merveilleusement résumé toute la grammaire latine en dix Principes fondamentaux qui seront d'une très grande utilité au début de l'étude de la syntaxe et de la méthode si compliquées.)

III°) Lire le texte français *lentement* et *attentivement* pour pouvoir reconnaître à la simple lecture toutes les règles qu'il y aura à appliquer et avec un peu de pratique, découvrir les pièges adroitement dissimulés sous le français.

IV°) Pour les découvrir d'une manière à peu près certaine, traduire en français *plat* le texte donné (par exemple : « Il faut qu'il fasse ce qu'on lui dit » deviendra : « Il faut lui [1] faire ce qui est dit à lui ») de façon à ce que l'on n'ait plus qu'à

---

1. Construction infinitive : lui sujet de faire.

traduire littéralement au moment d'écrire le latin. C'est donc au moment où l'on fait (par écrit d'abord, puis oralement quand on en aura l'habitude) cette première traduction du français du texte en un français mot à mot et presque barbare, que l'on doit découvrir les règles que l'on aura à appliquer et qui avaient échappé à la lecture.

V°) Quand deux traductions s'offrent au choix, toujours prendre de préférence celle où il y a un exemple de la grammaire à appliquer, d'abord, parce qu'on sera sûr d'employer une tournure latine et de ne point commettre de faute ; ensuite parce qu'on montrera au correcteur qu'on connaît la règle et qu'on a su l'appliquer ; enfin, parce qu'en l'appliquant on a beaucoup moins de chances de l'oublier.

VI°) Lire *très attentivement* le résumé de l'article du dictionnaire à chaque mot cherché et bien saisir la nuance particulière qu'a ce mot dans le texte donné, afin de la bien rendre.

VII°) Dans le cas fréquent où l'on aura à choisir entre des mots que le dictionnaire indique comme synonymes, pouvant être employés indifféremment au point de vue du sens, ce serait une erreur de croire qu'il en est de même au point de vue de la latinité. Il faut toujours employer de préférence les mots qu'on trouve dans *Cicéron* qui est l'écrivain modèle, étant de la meilleure période *classique*. Après lui prendre les mots employés par Sénèque, Quintilien, César, Tite-Live et Tacite, au besoin Horace; mais éviter autant que possible ceux qu'on ne trouve que dans des poètes tels que Lucrèce, Tibulle et Ovide, voire même un prosateur comme Salluste et rejeter à priori ceux que n'emploient que des écrivains peu connus comme Apulée, Florus, P. Syrus, etc... (Voir aussi pour le choix des mots : Conseil XII°).

VIII°) Pour les locutions et expressions toutes faites, voir toujours leurs correspondants en latin: toute autre traduction serait barbare. — (A ce sujet encore, le livre de M. Yrondelle peut rendre beaucoup de services.)

IX°) Toujours relire le thème d'une façon *très attentive* : sur le brouillon d'abord, puis une fois recopié, et enfin, si c'est possible, un jour ou deux après l'avoir fait [1]. Quand nous disons : lire d'une façon attentive, nous ne voulons point dire : parcourir le devoir, à seule fin de pouvoir dire au correcteur qu'on l'a relu, mais relire *très lentement*, en refaisant le mot à mot de chaque phrase, en examinant chaque mot lui-même et si l'on est sujet à de grosses étourderies, en allant à l'opposé du sens où l'on écrit (c'est-à-dire de droite à gauche) et de bas en haut, comme certains correcteurs d'épreuves typographiques).

Par exemple on devra relire cette phrase dans l'ordre suivant : suivant; l'ordre ; dans; phrase; cette; relire; devra; on; exemple; par. Après avoir relu une première fois en traduisant afin de voir si l'on n'a point oublié un mot et si le latin est bien construit, on devra relire de la façon que nous venons d'indiquer, sans rien comprendre, afin de voir si les mots sont écrits correctement, et si l'on n'a point laissé échapper

---

1. Pour de nombreuses raisons, évitez de faire vos devoirs la veille au soir ou au dernier moment : vous les « bâclez » forcément, et ne pouvez relire avec autant de profit.

de barbarismes, ce que l'on ne verrait pas aussi clairement, emporté que l'on serait par le sens, si l'on relisait en comprenant.

X°) Si la règle suivante est moins absolue en latin qu'en grec, il est pourtant fort utile de la connaître et de l'appliquer dans les thèmes : Presque toujours relier les phrases entre elles par des conjonctions de liaison (telles que : *itaque etenim, attamen* (en tête de la phrase ou de la proposition); ou bien : *enim, tamen, autem,* (mais après un mot). Le choix d'une bonne conjonction de liaison, quelquefois assez difficile à trouver, montrera au correcteur que l'élève a eu le mérite de bien saisir le rapport d'idée unissant les deux phrases qu'il a reliées et là encore le traducteur doit faire preuve d'intelligence, car ce n'est point au hasard qu'il faut jeter un : *c'est pourquoi,* ou un : *en effet.* Si c'est possible, relier deux phrases par le relatif, qui se passe de conjonction de liaison. — Par exemple, après avoir rapporté un propos, le texte porte un point et dans la phrase suivante : Aussitôt, l'autre lui répondit. Le latin dira : Auquel l'autre aussitôt répondit : *Cui alter statim respondit* : (*Cui* est mis pour *illi* et une conjonction de liaison, telle que *autem* par exemple) ; ou bien encore on pourra dire : Après lesquelles paroles... : *Quæ post verba*... (*Quæ* contient toujours une conjonction en plus du démonstratif.)

N. B. Quand on relie deux phrases par le relatif, il faut toujours avoir soin de le mettre *en tête* de la seconde.

XI°) **a)** Il faut toujours simplifier (AUTANT QUE LE TEXTE LE PERMET bien entendu) c'est-à-dire se rappeler ce principe fondamental : *Ce qui en français serait de la platitude, en latin, est de l'élégance.* (Toujours faire économie de mots [1].)

b) Ne pas oublier que le latin n'aime pas les termes abstraits. Les remplacer, toujours, autant que possible, par des termes concrets.

c) L'ordre habituel de la construction de la

---

1. On en a un exemple frappant dans la phrase : Urbem captam hostis diripuit. Si le latin suivait littéralement le français, il dirait : Urbe capta, hostis eam diripuit. La phrase latine est donc plus concise.

phrase latine est le suivant : *Sujet, complément, verbe.* (Eviter autant que possible les répétitions des mêmes sons, surtout quand ils sont lourds, par exemple plusieurs génitifs pluriels en : *orum* de la seconde déclinaison ou plusieurs datifs et ablatifs pluriels en : *ibus* de la quatrième et de la cinquième.)

XII°) Quand on a fait du latin pendant un certain temps, il faut s'exercer à faire un thème sans avoir besoin d'ouvrir son dictionnaire. Il faut toujours d'ailleurs employer sans hésitation les mots que vous avez rencontrés le plus souvent dans l'explication des auteurs. Ce sont toujours les meilleurs. Les élèves ont justement le grand tort de craindre souvent que le mot qu'ils emploient ne soit trop commun : c'est une grave erreur. Il faut enfin que votre latin soit d'une telle limpidité qu'un élève de votre classe, de force moyenne en latin, puisse le comprendre facilement (autant que possible sans avoir recours au dictionnaire.) Evitez donc tout ce qui est alambiqué, et par suite tout ce qui alourdit et obscurcit la phrase. De la clarté!

De la clarté ! Plus votre latin sera clair, moins vous aurez de fautes et la clarté de votre traduction donnera à votre esprit cette précieuse qualité, si bien que quand vous écrirez en français, votre style s'en ressentira fort avantageusement.

Voilà relativement peu de conseils et pourtant en voilà peut-être assez pour faire un bon thème et pour prouver qu'il faut apporter à cet exercice une attention qui fait honneur à celui qui est capable de la fournir. Je veux bien admettre que la mémoire soit indispensable pour le thème latin; mais nous venons de voir que l'attention, la réflexion et l'intelligence l'étaient tout autant. Et d'ailleurs la mémoire est-elle une qualité si méprisable? Je sais fort bien que la place de premier en récitation est aussi dédaignée que celle de premier en thème latin, mais je sais aussi qu'il y a partout et de tout temps des gens plus dignes de pitié que de tout autre sentiment dont l'opinion, souvent guidée par la jalousie, est fort négligeable. Pour leur répondre, on n'a qu'à leur demander ce que serait l'homme sans la mémoire.

On a prétendu enfin que lorsqu'on a une très grande habitude du thème, ce dernier ne devient plus qu'un exercice de mécanique. Mécanique fort intelligente, certes! et tout aussi utile que la science des mathématiques. Non, d'un côté comme de l'autre, l'objection n'est pas sérieuse et elle tombe d'elle-même!

Ce qui est incontestable, c'est que la pratique rend des services incalculables, mais il faut avant tout se lancer sur le droit chemin avec lenteur et prudence et se guider d'après une méthode sûre, reposant sur les conseils généraux que nous venons de donner et qui seront fort utiles, nous l'espérons bien, si l'on veut les suivre strictement.

CHAPITRE III

APPLICATION DE LA MÉTHODE

Au reste voici quelques exemples qui en appliquant la méthode que nous venons d'indiquer, montreront les réflexions que doit suggérer un texte à l'élève intelligent.

1°) Supposons que nous ayons à traduire la phrase suivante : Pierre dit qu'il a besoin du médecin et qu'il va voir actuellement s'il est chez lui. Traduisons en français mot à mot : Pierre dit lui avoir besoin du médecin et lui aller voir s'il... puis enfin Pierre dit être besoin à lui du médecin et lui aller voir...

Nous pouvons commencer par rechercher

quand nous emploierons le prénom réfléchi de la troisième personne et l'adjectif possessif *suus* ou bien le pronom adjectif démonstratif : *is, ea, id.* Pour cela nous n'avons qu'à nous rappeler que nous emploierons le réfléchi et le possessif pour renvoyer à Pierre qui est sujet de la proposition principale et que le démonstratif renverra au médecin qui n'est pas sujet de la principale. Pour reconnaître instantanément quand nous avons affaire à Pierre ou au médecin, nous n'avons qu'à transposer en style direct la phrase qui nous est donnée, et comme c'est Pierre qui parle, nous aurons, chaque fois que ce sera lui qui sera en jeu, un pronom de la première personne : Pierre dit : « **J'ai** besoin du médecin et **je** vais voir actuellement s'il est chez lui. »

Grâce aux remarques précédentes, nous pouvons donc écrire : Pierre (I) dit être besoin à lui (I) du médecin (II) et lui (I) aller voir actuellement s'il (II) est chez lui (II).

Restent les autres règles à appliquer... Notre première traduction montre que nous en avons vu au moins une (construction de la proposition infinitive avec le verbe dire) ; notre deuxième traduction montre que nous avons vu la règle concernant l'emploi du réfléchi et du démonstratif. Voyons s'il n'y a pas d'autres remarques à faire... Oui ! et d'abord le verbe avoir besoin : *mihi opus est amico*. Puis : *aller voir* : *eo lusum*. Puis : *actuellement* (adverbe : Sa place est *ad verbum*). Enfin le *si interrogatif* entre deux verbes s'exprime par *num* et le *subjonctif*. Avec ces dernières remarques, la phrase se traduira toute seule : *Petrus dicit sibi opus esse medico atque se nunc visum ire num apud eum sit* [1 et 2].

---

1. Quand un élève studieux rencontre un mot comme le verbe aller qui se traduit de différentes façons devant un infinitif, il doit se faire les remarques suivantes afin de choisir parmi les différentes manières dont aller doit se traduire devant un infinitif, celle qui convient dans le cas qui l'occupe :

Ces différentes manières dont se traduit le verbe aller devant un infinitif dépendent du sens qu'il a en français dans le texte.

Ici, il a son sens propre : il se traduit donc par : *ire*, mais aller voir (quelqu'un) se traduira en un seul mot par : *visere* (*aliquem*).

Quand le verbe n'a d'autre sens que celui d'être sur le point de, il se rend par le participe futur actif.

II°) Supposons maintenant que nous ayons à traduire la phrase suivante : J'avais craint qu'il ne vînt pas. La phrase ne peut pas être réduite à une plus simple expression. Nous avons deux remarques à faire, qui doivent frapper encore immédiatement notre esprit. La première regarde le verbe craindre (*timere*) qui suit une règle particulière ; la seconde concerne la règle de la concordance des temps. Nous pourrions ajouter une note, comme dans l'exemple précédent, sur les diverses manières de traduire le verbe craindre, mais on trouvera à ce sujet tous les renseignements nécessaires dans une grammaire et

---

Enfin n'aller pas (à l'impératif), se traduira tantôt par *cavere* avec *ne* et le subjonctif, quand il signifie prendre garde de... ; tantôt, simplement par *ne* (avec le subjonctif, ou *noli*, *nolite* (avec l'infinitif) — (manière ordinaire de défendre.)

Toutes ces remarques doivent venir spontanément à l'esprit et doivent se faire instantanément.

2. Toutefois remarquons qu'ici en raison de l'amphibologie qui subsiste toujours, nous pouvons et devons même remplacer : *apud eum* par : *domi*, ce qui nous donne : *Petrus dicit sibi opus esse medico atque se nunc visum ire num domi sit.*

nous préférons montrer le raisonnement logique que doit faire l'esprit pour traduire cette petite phrase.

La règle du verbe craindre présente deux cas :

1°) Je crains qu'il *ne* vienne = je désire qu'il *ne* vienne *pas* (*timeo* NE *veniat.*)

2°) Je crains qu'il *ne* vienne *pas* = je désire qu'il vienne (*timeo* { UT / NE NON } *veniat*)[1]. Comme ici nous avons affaire au 2e cas, nous emploierons *ut* ou *ne non* avec le subjonctif. Mais quel mode du subjonctif, voilà notre deuxième question à laquelle répond la règle de la concordance des temps dont il fait connaître l'exemple grammatical :

Tibi suadeo	*ut legas.*	Je te conseille	de lire.
Tibi suadebo		Je te conseillerai	
Tibi suadebam	*ut legeres.*	Je te conseillais	
Tibi suasi		Je t'ai conseillé	
Tibi suaseram		Je t'avais conseillé	

1. M. Deltour fait judicieusement remarquer dans sa grammaire latine que le *ne* français tout court, peut avoir le sens négatif, par exemple, dans cette phrase : Je crains qu'il *ne* puisse venir = je crains qu'il *ne* puisse *pas* venir. Dans ce cas *ne* se traduira naturellement comme s'il y avait *ne pas*, c'est-à-dire par *ut* ou ne *non*.

Comme c'est du dernier cas qu'il s'agit ici, nous emploierons donc l'imparfait du subjonctif, ce qui nous donne : *timueram ut veniret* ou *ne non veniret*. — La traduction s'obtient ainsi très facilement, mais elle exige le raisonnement élémentaire qui a été fait ci-dessus et qui doit se faire très vite. — Apprendre à raisonner logiquement, voilà ce à quoi doivent tendre tous les efforts des jeunes latinistes. Cela ne paraît rien à faire : c'est là toute la clef du latin. Il est étrange de voir le nombre d'élèves pourtant intelligents qui ne peuvent atteindre ce but : on est obligé d'en conclure que leur bonne volonté est par trop insuffisante, ou qu'ils n'ont pas encore saisi la bonne méthode. Puissé-je être assez heureux pour leur en apporter la base ! Ils seront sûrs de persévérer dans la voie que je leur trace, en se demandant, quand ils préparent une explication ou quand ils font une version pourquoi il y a là un subjonctif et ici un indicatif, pourquoi il y a *quid* et non *quod*, etc... S'ils veulent chercher sérieusement, ils trouveront (à la condition *sine qua non* qu'ils connaissent très bien leur grammaire) et ce qu'on a trouvé soi-même, il est rare qu'on l'oublie. « Les choses que l'on sait le mieux, disait Vauvenargues, sont celles que l'on n'a jamais apprises. »

III°) Soit maintenant à traduire la phrase suivante : **Un homme allait à Rome étudier la philosophie pour se rendre meilleur.**

En recherchant les règles que peut contenir cette phrase, examinons successivement tous les mots qui nous paraîtront susceptibles de faire naître quelque remarque.

Un	On n'insiste pas sur l'idée de nombre. *Unus* serait donc mauvais ici. On veut dire : Un certain... Nous emploierons donc *quidam* que nous construirons second dans la phrase.
homme	Le texte indiquant le but de son voyage, qui est louable, mettons *vir* de préférence à *homo*.
allait à Rome	Nom de ville à la question *quo* (accusatif sans préposition.)
	Le verbe aller indiquant un mouvement, d'après la règle « *eo lusum* » nous devrions mettre le su-

étudier

pin, mais comme le verbe *studere* n'en a justement pas, nous tournerons par *ut* avec le subjonctif que nous mettrons à l'imparfait en vertu de la concordance des temps (*suadebam ut legeres*) au datif

la philosophie

comme complément du verbe *studere*.

pour se rendre

Habituellement nous emploierions *ut* avec le subjonctif (d'ailleurs ici nous le remplacerions par *quo* parce qu'il est suivi d'un comparatif). Mais comme nous venons d'employer cette tournure lourde, nous aurons recours au participe futur actif (mais ici *fio* étant le passif de *facio*, nous serons obligés d'employer le participe futur passif.)

meilleur

Par suite de la construction que nous employons, naturellement au nominatif (*melior faciendus* dépendant de *vir*.)

Toutes ces réflexions faites, nous n'avons plus

qu'à traduire : *Vir quidam Romam ibat ut philosophiæ studeret, melior faciendus.* (Il ne faut pas oublier que *faciendus* n'est ici que le participe futur de *fio*. Il n'a la forme du participe futur passif que parce que *fio* est un passif. Son sens est d'ailleurs ici de : pour devenir. (Cf. l'exemple grammatical : *Surrexit responsurus.* — Gr. Lat. de Georges Edon (Belin Ed. — 1902.) Page 297, § 633, Remarque.) — On pourrait aussi traduire : *pour* par : *ad* avec le gérondif (en *dum* naturellement.) Le mot à mot de la construction latine deviendra alors (par suite du régime qui accompagne l'infinitif français) : *pour lui-même devant être rendu meilleur* : le gérondif se transforme en participe futur passif que l'on fait accorder avec le Nom en genre, en nombre et en cas. Nous aurons donc ici : *Vir quidam Romam ibat ut philosophiæ studeret ad se meliorem efficiendum.* (Sur l'emploi du réfléchi, voir supra Ex. I°.)

IV°) Soit encore à traduire l'exemple suivant : **La plus belle forêt que j'aie vue en France ; elle est pleine d'arbres semblables à ceux qu'on voit en Sicile.**

La simple lecture de cette phrase rappellera

à un élève un peu familier avec le latin un latinisme très fréquent dont le mot à mot barbare serait ici : La forêt que laquelle je n'ai vu aucune plus belle... Ce latinisme a l'avantage de rendre le texte très exactement, car l'auteur de la phrase ne dit pas que c'est la plus belle forêt qui soit au monde, mais que c'est la plus belle qu'*il ait, lui,* jamais vue. Ce latinisme rend encore très exactement le gallicisme : *on ne peut plus...* suivi d'un adjectif : (Par ex. Cette forêt, on ne peut plus belle... se traduira : Cette forêt que laquelle aucune n'est plus belle.. Remarquez que le latin et le français laissent entendre qu'il peut y en avoir d'aussi belles. Cette traduction qui est la seule à rendre la nuance du texte est donc la seule à employer.

Ceci dit, faisons comme précédemment, c'est-à-dire examinons successivement, en recherchant les règles que nous aurons à appliquer, tous les mots capables de susciter quelque remarque :

que
la quelle — Le complément du comparatif se met à l'ablatif sans préposition, de sorte qu'au lieu de trois mots, nous n'en aurons qu'un en latin, ce qui

allègera considérablement la tournure :

je n'ai vu aucune — En latin deux négations se détruisent. Il n'en faudra donc qu'une seule.

en France — Nom de contrée à la question *ubi* : ablatif avec *in*.

pleine de — *Plenus* veut son complément au génitif ou à l'ablatif sans préposition.

semblables à — *Similis* veut son complément au génitif ou au datif : *Similis* { *patris* ou *patri* } Nous mettrons ici de préférence le datif pour éviter la répétition de la désinence : *orum*.

ceux — N'oublions pas que ce serait une grave incorrection de le traduire, comme on serait tenté de le faire, par son correspondant latin *hic, is* ou *ille*. Il faut ou le supprimer, ou répéter le mot qu'il représente. Ici il faut répéter le mot parce qu'il ne doit pas être au même cas, comme il y est dans l'exemple grammatical : *brevior est hominum quam cornicum vita.* L'exemple grammatical qui nous régit ici est le suivant : *Animi dotes corporis dotibus longe præstant.*

qu'on voit

Tournons par qui sont vus, et à cause du sens particulier de *videor* (très rare dans le sens passif de *video* ; signifie le plus souvent : paraître), tournons par : qui sont trouvés (même sens.)

en Sicile

Nom d'île à la question *ubi.* En général, les noms d'îles suivent la règle des noms de villes, mais il y a exception pour six grandes îles : *Hibernia* (l'Irlande) ; *Britannia* (la Bretagne : l'Angleterre) ; *Sardinia* (la Sardaigne) ; *Sicilia* (la Sicile) ; *Eubœa* (l'Eubée) ; *Creta* (la Crète) qui suivent la règle des *noms de contrées* (Creta se construit aussi quelquefois comme les noms d'îles et par suite de villes.)

Nous pouvons donc maintenant traduire sans

difficulté : *Hæc silva, quâ nullam pulchriorem vidi, sita in Galliâ, plena est arborum similium arboribus quæ reperiuntur in Siciliâ.*

V°) Soit encore à traduire cette phrase : **En faisant ce qu'il fait, je ne sais ce qui peut lui arriver.**

Procédons comme précédemment.

En faisant	*En*, devant le participe présent, se traduit, soit par le participe présent (quand il n'y a qu'un rapport de *simultanéité*), soit par le *gérondif* en *do* (quand il y a un rapport de *causalité*, ce qui est le cas ici : C'est parce qu'il fait ce qu'il fait que je ne sais pas ce qui peut lui arriver [1].

1. Il est évident qu'il est assez difficile dans certains cas de dire d'une façon précise quel rapport l'emporte, car il y a toujours à la fois causalité et simultanéité. La grammaire de Georges Edon, § 344, page 199, dit textuellement : « Quand le participe présent est précédé de » la préposition *en*, on le traduit de deux manières diffé- » rentes en latin.

« 1° Par le participe présent, quand il exprime une ac- » tion qui a lieu en même temps qu'une autre.

ce qu'il fait { C'est-à-dire : la chose qu'il fait. C'est le simple relatif : *qui, quæ, quod.*

« Exemple : Un coq, en cherchant de la nourriture, » trouva une perle, c'est-à-dire, pendant qu'il cherchait...

« 2° Par le gérondif en *do*, quand il exprime une action » qui est la cause d'une autre.

« Exemple : Il s'est enrichi en travaillant, c'est-à-dire » par le travail. »

Les exemples sont très bien choisis pour me permettre de montrer, non pas tant l'insuffisance de la règle de la grammaire, que la réflexion que nécessite à l'élève l'application de cette règle. Car si le coq n'avait pas cherché de nourriture, il n'aurait pas trouvé une perle. Il y a donc aussi un rapport de causalité. Il est incontestable que l'on n'insiste pas tant sur la causalité que sur la simultanéité, mais il n'en est pas moins vrai qu'il faut à l'élève de l'intelligence et de la réflexion pour s'en apercevoir.

La même grammaire donne l'exemple suivant d'un rapport de causalité : « Il s'est enrichi en travaillant, c'est-à-dire, par le travail. » Ici, il est bien évident que c'est le rapport de causalité qui domine, mais l'élève a le droit de penser que c'est au moment où il travaillait qu'il s'enrichissait.

J'en arrive donc à poser le principe suivant : Pour savoir s'il y a rapport de causalité ou de simultanéité, il faut se demander si l'action indiquée par le verbe au participe présent est la cause *ordinaire* et *habituelle* de la *première* qui en est la *conséquence logique.*

Cette fois nous ne pouvons plus tourner par : la chose { qui... que... } Nous

---

Alors je ne serai plus embarrassé : je me dirai : Un coq a-t-il des chances de trouver une perle chaque fois qu'il cherchera de la nourriture ?

Evidemment non : il n'y a donc eu que hasard : c'est donc simplement un rapport de simultanéité (participe présent.)

Pour le second exemple je me demanderai : En travaillant a-t-on des chances de s'enrichir ? La richesse est-elle la conséquence logique et habituelle du travail ? Oui. Donc il y a rapport de causalité (gérondif en do.)

Par exemple, si je dis : En ouvrant la fenêtre, je me suis cassé le bras, il y a entre les deux faits un rapport de simultanéité (car c'est du moment où j'ouvrais la fenêtre que je me suis cassé le bras) et un rapport de causalité (car c'est parce que j'ai ouvert la fenêtre que je me suis cassé le bras, ce qui ne serait pas arrivé si je ne l'avais pas ouverte.) Je veux savoir maintenant, pour traduire en latin, quel rapport l'emporte : je me dis : A-t-on des chances de se casser le bras chaque fois que l'on ouvrira une fenêtre ? Evidemment non. Il n'y a donc qu'un hasard malheureux ; par suite simple rapport de simultanéité.

Ce sont toutes ces réflexions qui sont utiles à l'esprit de l'élève et nous demandons si elles ne sont que du domaine de la mécanique !

je ne sais ce qui — sommes obligés de tourner par : quelle chose. Ce moyen nous permet de reconnaître qu'il y a interrogation indirecte. Nous n'emploierons donc plus le simple pronom adjectif relatif : *qui*, *quæ*, *quod*, mais le pronom adjectif interrogatif : *quis*, *quæ quid* { avec le subjonctif }

arriver — Pour rendre : arriver, nous avons à choisir entre *contingere* (Evénement heureux) ; *accidere* (Evénement malheureux) et *evenire* (événement heureux ou malheureux.) La tournure de la phrase faisant craindre plutôt un événement malheureux, nous choisirons : *accidere*, qui se construit avec le datif :

Id mihi. { *accidit* / *evenit* / *contingit* }

Il ne nous reste donc plus qu'à traduire en toute sûreté : *Faciendo quod facit, nescio quid ei accidere possit.*

Maintenant que nous avons bien saisi la méthode, essayons de faire quelques thèmes d'application.

Titre.

Lettre de Racine à son fils pour le détourner des lectures frivoles.

Première phrase.

Je vous dirai avec la sincérité avec laquelle je suis obligé de vous parler que j'ai un extrême chagrin que vous fassiez tant de cas de ces niaiseries qui ne doivent servir tout au plus qu'à délasser quelquefois l'esprit, mais qui ne devraient point vous tenir autant à cœur qu'elles font.

Traduction du Titre.

Racinius filium dehortatur ne leviora opera lectitet.

A remarquer :

1°) la concordance des temps (*tibi suadeo ut legas*).

2°) un sens fréquent du comparatif { assez / plus / trop }

3°) le fréquentatif : *lectito.*

Traduction de la première phrase.

Libere tecum agam, ut meum officium est :

fateor me graviter dolere quod tancti facias nugas istas, quarum si qua utilitas est, modo ad relaxandum aliquando animum pertinet, nedum tibi eas adeo cordi esse deceat.

Remarques.

Le mot à mot de cette phrase étant très facile à faire, je me contenterai d'appeler l'attention sur les mots suivants :

1°) *Cum* (se met après son régime quand c'est un des pronoms : *me, te, se, nobis, vobis, quô, quâ, quibus*).

2°) *Ut*, (dans le sens de comme, gouverne l'indicatif.)

3°) *Fateor me*... (proposition infinitive.)

4°) *Dolere quod* (subjonctif.)

5°) *Tanti facere* (avec un verbe d'estime comme *facere* = faire cas de... on emploie *tanti*.)

6°) *Istas*, (pour deux raisons { sens péjoratif en français : ces... pronom de la seconde personne.

7°) *Quarum* (sert de liaison.)

8°) *Si qua* (pour *si aliqua*. Après *si, nisi, ne, num, sive, ubi, unde, quod, quomodo, cum* on emploie rarement les formes qui commencent par *ali* et l'on dit *si quando* pour *si aliquando*, *ne quid* pour *ne aliquid*, etc. — Cf. Gr. Lat. d'Edon P. 250, § 492, remarque.)

9°) *Si* (avec l'indicatif, parce qu'il n'y a pas de doute dans la supposition.)

10°) *Pertinet ad* (gérondif en dum.)

11°) *Nedùm* (gouverne le subjonctif.)

12°) *Tibi cordi esse* (Exemple grammatical : *Hoc erit tibi dolori.*)

13°) *Decet* (proposition infinitive.)

Deuxième Phrase.

Vous êtes engagé dans des études très sérieuses qui doivent attirer votre principale attention ; et pendant que vous y êtes engagé et que nous payons des maîtres pour vous en instruire, vous devez éviter tout ce qui peut dissiper votre esprit et vous détourner de votre étude...

Traduction.

Ita enim seria studia ingressus es ut præcipuam operam iis tribuere debeas, quæ dum tu persequeris, nos præceptores conducimus qui ea te doceant, fugere debes quæcumque animum avocare et ad alia avertere possunt...

Remarques.

1°) *Ita... ut* (subjonctif.)

2°) *Dum* { Tandis que (indicatif.) / pourvu que (subjonctif.)

3°) *Præceptores qui* (*qui* est mis pour *ut illi.*)

4°) *Ea te doceant* (Exemple grammatical : *doceo pueros grammaticam.*)

5°) *Avertere ad alia* (Ex. grammatical : *Hæc via ducit ad virtutem.*)

Troisième Phrase.

Je ne dis pas que vous ne lisiez quelquefois des choses qui puissent vous divertir l'esprit et vous voyez que je vous ai mis moi-même entre les mains assez de livres capables de vous amuser; mais je serais inconsolable si ces sortes de livres vous inspiraient du dégoût pour les lectures plus utiles... Je remets à vous en parler plus au long et plus particulièrement quand je vous reverrai.

Traduction.

Non quod velim tibi omnino interdicere iis quæ animum interdum remittant : vides enim ipsum me tibi satis multos dedisse libros quibus legendis te oblectares; molestissimum autem ferrem tibi istiusmodi operibus utiliorum fastidium afferri. Sed hæc hactenus : plura tecum ac singillatim disseram, cum una erimus.

Remarques.

1°) *Non quod* (subjonctif.)

2°) *Tibi interdicere iis* (règle d'*Interdico.*)

3°) *Iis quæ remittant* (= des choses telles qu'elles *puissent* reposer...)

4°) *Enim* et *autem* (jamais en tête d'une proposition.)

5°) *Vides me...* (proposition infinitive.)

6°) *Satis multos libros* (seule manière de traduire assez suivi d'un nom pluriel de choses qui se comptent.)

7°) *Tibi dedisse libros* (exemple grammatical : *Do vestem pauperi.*)

8°) *Quibus legendis* / *Te oblectares* } *Oblectares* au subjonctif parce que *quibus* = *ut illis*; et à l'imparfait du subjonctif en vertu de la concordance des temps (*dedisse*).

9°) Molestissimum ferre... (construction infinitive.)

10°) Voici le mot à mot de cette proposition qui peut présenter au premier abord quelque difficulté :

Autem	mais	*afferri*	être apporté
Ferrem	je supporterais	*tibi*	à toi
Molestissimum	{ comme une chose très affligeante	*operibus*	par des ouvrages
fastidium	le dégoût	*istius*	de ce (*terme de mépris*
(*operum*)	(d'ouvrages)	*modi.*	genre.
utiliorum	plus utiles		

11°) *Sed hæc hactenus*: latinisme = j'en ai assez dit.

On voit par ces quelques remarques que la connaissance des règles de la grammaire est aussi indispensable à celui qui veut faire de bons thèmes latins que celle de la morphologie.

Mais voyons encore quelques thèmes d'application.

Texte.

J'avoue qu'il y a eu des temps où la comédie s'est corrompue. Et qu'est-ce que dans le monde on ne corrompt point tous les jours? Il n'y a chose si innocente où les hommes ne puissent porter du crime; point d'art si salutaire dont ils ne soient capables de renverser les intentions; rien de si bon en soi qu'ils ne puissent tourner à de mauvais usages. La médecine est un art profitable et chacun la révère comme une des plus excellentes choses que nous ayons; et cependant, il y a eu des temps où elle s'est rendue odieuse, et souvent on en a fait un art d'empoisonner les hommes. La philosophie est un présent du ciel; elle nous a été donnée pour porter nos esprits à la connaissance d'un Dieu par la contemplation des merveilles de la nature; et pourtant on n'ignore pas que souvent on l'a détournée de son emploi pour soutenir l'impiété. Les choses même les plus saintes ne sont point à couvert de la corruption des hommes; et nous voyons des scélérats, qui, tous les jours, abusent de la piété et la font servir méchamment aux crimes des plus grands. Mais on ne laisse pas pour cela de faire les distinctions qu'il est besoin de faire.

(Molière : *Préface du Tartuffe.*)

Traduction.

Fateor (**1**) equidem nonnullis temporibus (**2**) comœdiam corruptam fuisse. Quid est autem in vita quod non quotidie corrumpi videamus (**3**)? Profecto nulla res est tam (**4**) innoxia quin possint homines eam depravare (*ou* scelestam efficere), nulla ars tam (**4**) salutaris quin perverse aliquando tractetur, nihil denique per se tam (**4**) utile quod non ad pravos usus verti (**5**) possit. Utilem quidem artem medicinam esse quis neget (**1** *et* **6**) nec potius eam sic revereatur ut (**7**) inter optimas res habeat. Fuerunt tamen tempora cum odium sui faceret; ac sæpe veneno homines interficiendi (**8**) ars habita est. — Quin etiam (**9**) philosophiam nobis divino quodam munere (**10**) datam (**11**) ut rerum miracula contemplando ad cognoscendum Deum adduceremur (**11**) nemo ignorat a proposito aversam esse ac palam ad id adhibitam ut impietati patrocinaretur. Etenim ne a sanctissimis quidem (12) abstinent homines quominus (13) ea pervertant, ac sceles-tos quosdam quotidie vidémus religione nefarie abutentes (14) ad pessima facinora committenda. — Nihilominus servatur, ut æquum est (15), rerum discrimen.

Remarques.

(1) *Fateor* et *neget* (proposition infinitive.)

(2) Cf. Gr. Lat. d'Edon : Page 204, § 357 (*veniet die dominicâ.*)

(3) Cf. Gr. Lat. d'Edon : { *videmus volucres* / *construere nidos* } Page 184, § 296 ; 2°

(4) Devant { un adjectif, / ou un adverbe } si, tellement, se rendent par : *tam.*

(5) Cf. supra : *Hæc via ducit ad virtutem.*

(6) Subjonctif = Qui nierait, qui pourrait nier...

(7) *Sic... ut* (subj.)

(8) Cf. note 2 de la page 143 de la Gr. Lat. d'Edon (*interficiendorum hominum*, consonance désagréable à éviter.)

(9) Voici le mot à mot de cette phrase :

Quin etiam nemo ignorat	Bien plus personne [n']ignore

philosophiam	[que] la philosophie
nobis datam	à nous donnée
quodam	par un certain
munere divino,	présent divin,
ut adduceremur	{ pour que nous fussions amenés }
contemplando	en contemplant
miracula	les merveilles
rerum,	de la nature,
ad cognoscendum	à connaître
Deum	Dieu
aversam esse	avoir été détournée [= fut détournée]
a proposito	de [son] but
ac adhibitam	et employée
palam	ouvertement
ad id ut	à cela qu'
patrocinaretur [1]	elle protégeât
impietati	l'impiété. —

(**10**) *Mœrore conficior.*

(**11**) Concordance des temps.

(**12**) *Ne... quidem* (= pas même. Cf. Gr. Lat. d'Edon : P. 260 § 516.)

(**13**) Construction irrégulière conservant le mouvement des idées (*Anacoluthe.*)

(**14**) Cf. Gr. Lat. d'Edon. P. 184 § 296 ; 1° — (*vidi eum ingredientem.*)

(**15**) Cf. supra : *ut meum officium est.*

---

1. Patrocinari gouvene le datif.

Texte.

Puisque c'est la postérité seule qui met le véritable prix aux ouvrages, il ne faut pas, quelque admirable que paraisse un écrivain moderne, le mettre aisément en parallèle avec ces écrivains admirés durant un si grand nombre de siècles, puisqu'il n'est même pas sûr que ses ouvrages passent avec gloire au siècle suivant. En effet, sans aller chercher des exemples éloignés, combien n'avons-nous point vu d'auteurs admirés dans notre siècle dont la gloire est déchue en très peu d'années. Dans quelle estime n'ont point été, il y a trente ans, les ouvrages de Balzac. On ne parlait pas de lui simplement comme du plus éloquent homme de son siècle, mais comme du seul éloquent. Il a effectivement des qualités merveilleuses. On peut dire que jamais personne n'a mieux su sa langue que lui et n'a mieux entendu la propriété des mots et la juste mesure des périodes : c'est une louange que tout le monde lui donne encore. Mais on s'est aperçu tout d'un coup que l'art où il s'est employé toute sa vie était l'art qu'il savait le moins, je veux dire : l'art de faire une lettre : car, bien que les siennes soient toutes pleines d'esprit et de choses admirablement dites, on y remarque partout les deux vices les plus opposés au genre épistolaire, c'est à savoir : l'affectation et l'enflure.

(Boileau : *Septième réflexion sur Longin.*)

Traduction.

Quod si posteri demum rectâ admiratione scripta perpendunt, non protinus comparandi sunt recentiores, quantàvis (**1**) admiratione (**2**) digni videantur, his (**3**) quos tam multis (**4**) sæculis (**5**) omnes mirati sunt, quum ne id quidem (**6**) dici possit (**7**) mansura (**8**) cum laude ad proximam ætatem illorum opera. Ne enim (**9**) prisca exempla repetam, quam multos (**4**) nostrà ætate, primo in admiratione esse vidimus, (**10**) qui mox paucis interjectis annis famâ senescere. Abhinc annos triginta (**11**) quanto in pretio Balzaci opera fuerunt, adeo ut non tantum suæ ætatis eloquentissimus, sed unus eloquens existimaretur (**12**). Neque infitiandum est (**13**) miras in eo esse virtutes ; si quidem gallicæ linguæ nemo (**14**) unquam peritior (**15**) illo (**16**) fuit, nec verborum proprietatis, aut justæ sententiarum circumscriptionis scientior; quæ (**17**) quidem nemo non (**18**) in eo etiam nunc laudat. Sed subito intellectum est (**13**) nullam minus artem eumdem calluisse quam hanc ipsam artem in quà usque ad extremum diem, scribendis scilicet epistolis, versatus esset (**19**). Quamvis enim (**9**) facetissimæ illæ sint (**11**) et plerumque permirâ (**20**) arte (**21**) scriptæ, notantur (**22**) in iis duo vitia, maxime a scribendis epistolis abhorrentia : scilicet, elaborata concinnitas atque inflatum dicendi genus.

Remarques.

(**1**) Dans *quantusvis* et *quamvis*, c'est le suffixe : *vis* qui entraîne le subjonctif.

(**2**) Exemple grammatical : *dignus laude* (ne pas confondre avec : *avidus laudum*).

(**3**) *Comparandi sunt... his* (datif).

(**4**) Cf. Gr. Lat. d'Edon: Page 275 § 572.

(**5**) Cf. supra : *veniet die dominicâ*.

(**6**) *Ne... quidem* (pas même — Cf. supra).

(**7**) *Quum* = puisque (*subjonctif*).

(**8**) Participe futur de : *maneo.*

(**9**) Cf. Supra — Toujours le second mot de la phrase.

(**10**) Cf. Supra : *videmus volucres construere nidos.*

(**11**) Cf. Gr. Lat. d'Edon P. 205 § 360.

(**12**) *Adeo... ut* (subjonctif).

(**13**) Construction infinitive.

(**14**) Deux négations se détruisent en latin.

(**15**) Exemple grammatical : *Peritus musicæ* (génitif).

(**16**) Le complément du comparatif se met à l'ablatif sans préposition.

(**17**) pluriel neutre.

(**18**) Cf. Gr. Lat. d'Edon : note 2 de la page 198.

(**19**) *Versari in* (ablatif) = s'occuper de ; s'appliquer à ; avoir pour objet.

(**20**) *Per* devant un adjectif, lui donne la valeur du superlatif.

(**21**) Cf. Gr. Lat. d'Edon : Page 203 § 355 (nom de la manière).

(**22**) Sens péjoratif.

Texte.

Puisqu'on doit discourir des choses et non pas des mots et que la plupart des contrariétés viennent de ne se pas entendre et d'envelopper dans un même mot des choses opposées, il ne faut qu'ôter le voile de l'équivoque et regarder ce qu'est la comédie en soi pour voir si elle est condamnable. On connaîtra sans doute que n'étant autre chose qu'un poëme ingénieux, qui par des leçons agréables, reprend les défauts des hommes, on ne saurait la censurer sans injustice; et si nous voulons ouïr là-dessus le témoignage de l'antiquité, elle nous dira que ses plus célèbres philosophes ont donné des louanges à la comédie, eux qui faisaient profession d'une sagesse si austère et qui criaient sans cesse après les vices de leur siècle. Elle nous fera voir qu'Aristote a consacré des veilles au théâtre et s'est donné le soin de réduire en préceptes l'art de faire des comédies. Elle nous apprendra que de ses plus grands hommes et des premiers en dignité ont fait gloire d'en composer eux-mêmes; qu'il y en a eu d'autres qui n'ont pas dédaigné de réciter en public celles qu'ils avaient composées; que la Grèce a fait pour cet art éclater son estime par les prix glorieux et par les superbes théâtres dont elle a voulu l'honorer; et que dans Rome enfin, ce même art a reçu aussi des honneurs extraordinaires.

(Molière.)

Traduction.

Quod si de rebus, non de verbis disputandum est, ideoque inter se homines plerumque dissentiunt quod quid dicat alter ab altero non intelligatur, eidemque vocabulo contrariæ res subjiciantur, nihil aliud agendum est, nisi auferenda omnis ambiguitas, quasi nubes depellenda et quid sit reipsa comœdia inspiciendum, ut utrum damnanda sit necne videatur. Tum profecto patebit nihil aliud esse comœdiam nisi poema quod multâ arte hominum vitia delectando castiget, neque jure ac merito damnandam. Ac si de hac re testes adhibere antiquos volumus, nos docebunt a nobilissimis philosophis laudatam esse comœdiam, quanquam profiterentur multæ severitatis disciplinam, suæque ætatis vitia assidue insectarentur. Ipsum Aristotelem inde cognoscemur theatro vigilias impertivisse et de componendæ fabulæ arte rationes et præcepta impense excogitavisse. Inde quoque discemus nonnullos ex maximis antiquitatis viris et in civitate principibus, scriptas a se comœdias, alios esse gloriatos, alios in publico quas ipsi composuissent recitare non dedignatos; imo declarasse Græcos quanti hanc artem facerent utpote quam pulcherrimis theatris atque amplissimis præmiis decorarent; Romæ denique hanc eamdem artem præcipuo honore habitam.

Je laisse au lecteur le soin de faire à propos de ce thème les remarques nécessaires ainsi que pour celui-ci qui sera le dernier.

Texte.

Les hommes ordinaires ne semblent naître que pour eux seuls : leurs vices ou leurs vertus sont obscurs comme leurs destinées : confondus dans la foule, s'ils tombent ou s'ils demeurent fermes, c'est également à l'insu du public. Leur perte ou leur salut se borne à leur personne; ou du moins leur exemple peut bien séduire et détourner quelquefois de la vertu, mais il ne saurait imposer et autoriser le vice. Les princes et les grands au contraire ne semblent nés que pour les autres. Le même rang qui les donne en spectacle les propose pour modèles; leurs mœurs forment bientôt les mœurs publiques : on suppose que ceux qui méritent nos hommages ne sont pas indignes de notre imitation; la foule n'a point d'autres lois que les exemples de ceux qui commandent. Leur vie se reproduit pour ainsi dire dans le public; et si leurs vices trouvent des censeurs, c'est d'ordinaire parmi ceux mêmes qui les imitent. Aussi la même grandeur qui favorise les passions, les contraint et les gêne; et, comme dit un ancien, plus l'élévation semble nous donner de licences par l'autorité, plus elle nous en ôte par les bienséances.

Massillon (*Petit Carême.*)

Traduction.

Maxima pars hominum, vulgus ignobile, sibi

tantum nasci videntur. Eorum enim vitia virtutesve non magis cognita sunt quam fama. Neque se a grege secernentes, insciis ceteris, aut labuntur, aut firmi perstant. Itaque illorum salus exitiumve ad ipsos tantum pertinet; ac si quos eorum exempla aliquando trahunt atque a virtute avertunt, alios certe cogere non possunt ut deteriores fiant, eaque auctoritate carent quæ vitiis patrocinetur. Principes contra primoresque aliis demum nati esse videntur. Propter enim dignitatis gradum, et spectantur ab aliis et ad imitandum iis proponuntur. Itaque eorum moribus cito informantur publici mores ; plerique enim putant eos qui sibi colendi sunt non indignos esse quos imitentur. Imperitantium exempla vulgo pro legibus habentur : itaque eorum vitam populi mores quasi representant ; ac si qui forte illorum vitia reprehendunt, inter imitantes esse solent. Quare eadem illa amplitudo quæ cupiditatibus favet, eas impedit atque cohercet ; utque a vetere scriptore dictum est : quo plus licere iis videtur qui plurimum possint, eo minus propter famam iis licet.

Enfin nous ne saurions trop conseiller à l'élève qui veut arriver à des résultats sérieux de faire lui-même des exercices dans le genre de celui-ci.

Le livre *de* (**I**) Pierre est *de* (**II**) Cicéron, un *de* (**III**) ces grands orateurs qui... Que pensez-vous *de* (**IV**) lui? Etes-vous *de* (**V**) ceux qui le méprisent? Etait-il *d'*un bon caractère? (**VI**) Craignait-il *de* mourir? (**VII**) Prenait-il garde *de* (**VIII**)...? Se méfiait-on *de* lui (**IX**)? Que conseillait-il au peuple *de* faire? (**X**) L'empêchait-il *de* (**XI**)...? Il était *d'*Arpinum (**XII**) [ou] il était né auprès *d'*Arpinum (**XIII**). *De* par Hercule (**XIV**) on ne comprend pas que tant *de* gens intelligents (**XV**) n'aient pas eu pitié *de* lui (**XVI**), on n'aurait jamais cru cela *d'*eux (**XVII**).

(**I**) Génitif (*Liber Petri*);

(**II**) de = { a été fait / ou écrit } par...

(**III**) *Unus ex* (ablatif) [ou] *unus* (génitif);

(**IV**) *de* (ablatif) (*au sujet de lui*);

(**V**) *ex* (ablatif) [ou] *inter* (accusatif);

(**VI**) { *egregiæ indolis* / ou / *egregia indole* };

(**VII**) [et] (**VIII**) *ne* (subj. et imparfait du subj. : concordance des temps);

(**IX**) Diffidebantne ei ? [*ou*] Cavebantne ab eo?

(**X**) *ut* (imparfait du subj. : voir plus haut);

(**XI**) *quin* [ou] *quominus* (subj.) : (Interrogation);

(**XII**) né à Arpinum (locatif);

(**XIII**) apud (accusatif);

(**XIV**) me Hercule;

(**XV**) *tot* [ou] *tam multi*;

(**XVI**) misereri (génitif);

(**XVII**) De la part de... *ex* (ablatif).

A quoi bon multiplier ces exemples? Ils suffisent amplement pour indiquer à ceux qui le voudront la marche à suivre et pour convaincre le lecteur de l'utilité du thème par les sages réflexions qu'il suggère. Au reste c'est le travail même que demandent ces réflexions qui fait le charme du thème. Quand vous aurez pris goût à cet exercice, vous voudrez constamment éprouver le sentiment de plaisir indéfinissable — qu'il fait naître.

Or pour prendre goût au thème, il vous suffira de connaître très bien votre morphologie, d'apporter de l'attention et de la réflexion et de suivre les conseils que je viens de vous donner. Vous verrez que les mots viendront d'eux-mêmes, pour ainsi dire, comme dans les vers d'Ovide, et vous serez très heureux de vous voir contraint de faire un travail aussi charmant. Enfin vous arriverez à des résultats certains ; vous triompherez de ceux de vos camarades qui ne voudront jamais se laisser convaincre et agréablement surpris, vous penserez en vous-mêmes : « Quoi ! c'était si facile que cela ! » — Certainement, mes jeunes amis : il suffisait de combattre une idée préconçue et d'apporter un tant soit peu de bonne volonté.

FIN DE LA PREMIÈRE PARTIE

DEUXIÈME PARTIE

DE LA VERSION

CHAPITRE PREMIER

UTILITÉ SPÉCIALE DU THÈME POUR LA VERSION ET AVANTAGES DE LA VERSION

§ I. Je terminais le chapitre précédent en vous assurant que le thème vous mènerait à des résultats certains, c'est-à-dire que non seulement il contribuerait énormément à développer votre intelligence en vous apprenant à réfléchir logiquement et en donnant à votre esprit les qualités précieuses de l'attention et de la clarté, mais encore qu'il vous conduirait au succès le jour de votre examen du baccalauréat au moyen de la version latine. C'est justement sur ce dernier point que je désire insister maintenant, et pour bien préciser, je prendrai quelques exemples.

Comment voulez-vous, à moins de vous exposer à deviner — ce qui est extrêmement dangereux — savoir qui désigne le démonstratif et qui désigne le réfléchi quand il s'agit de deux personnes et quand ces deux pronoms sont dans la même phrase, si vous ne connaissez pas leur emploi respectif ?

Vous vous mettrez vainement l'esprit à la torture pour faire le mot à mot de : *pueri docentur grammaticam ; mihi interdicitur domo tua.* Peut-on traduire : *mihi opus est amico*, par j'ai besoin d'un ami. Dans ce sens, n'y aurait-il pas : *amici* ? Alors comment expliquer : *amico* ?

Vous ferez un contresens si vous traduisez par : il a demandé au roi, un texte latin qui porterait : *petivit regi*, dans le sens de : *il a demandé pour le roi* (datif d'intention).

Enfin pour ne pas prolonger la liste de ces exemples, que deviendrez-vous si vous voyez *cœptus sum* devant un verbe passif, sans savoir que dans ce cas on n'emploie jamais *cœpio*?

Et pendant que vous chercherez dans un gros dictionnaire, au milieu d'une longue colonne le sens des locutions usuelles, si c'est dans une composition, vos camarades auront le temps de s'arrêter à des détails vraiment subtils, et au baccalauréat, vous-mêmes n'aurez point le temps d'achever.

Sans doute les exemples que je viens de donner semblent prouver uniquement qu'il faut connaître les règles dont ils sont les applications. Mais ces règles que vous oubliez déjà si vite, même en les appliquant constamment, comment ferez-vous pour vous les rappeler, quand vous ne ferez plus de thèmes? Il resterait bien un autre exercice à faire qui consisterait à rechercher dans un texte latin les règles de grammaire qui y sont appliquées, (comme je l'ai fait pour la traduction du premier thème d'application,) mais vous en oublieriez certainement un grand nombre parce vous ne les avez point appliquées vous-mêmes assez de fois.

§ II. Ceci dit, essayons maintenant de montrer

brièvement les avantages qu'offre la version latine.

Disons tout d'abord que d'ordinaire l'utilité de la version apparaît plus grande aux élèves parce qu'...ils en ont une à faire au baccalauréat. Mais expliquer la raison d'être d'un exercice parce qu'il figure au programme d'un examen, c'est expliquer *obscurum per obscurius*. M. Yrondelle, au début de son livre [1] a fort bien mis en relief l'utilité de la version latine et je ne saurais mieux faire que de lui emprunter ce passage tout à fait intéressant :

... « Mais en revanche quel profit l'esprit ne retire-t-il pas des efforts qu'exigent de lui toutes ces difficultés ? Souplesse, pénétration, finesse, étendue, l'exercice de la version latine lui fait acquérir tout cela. L'aide même du dictionnaire, loin d'annihiler, ou même de réduire l'activité intellectuelle, entraîne et force l'esprit à un nouveau travail d'examen plus minutieux et plus complet. Ce point a été particuliè-

---

1. La version latine au baccalauréat, Vuibert et Nony, Ed. 1905.

rement bien mis en lumière par M. Clairin dans son rapport au Conseil supérieur de l'Instruction publique sur l'utilité du dictionnaire pour l'épreuve de la version latine à l'examen du baccalauréat. Nous ne saurions mieux faire que de citer le passage principal de ce remarquable mémoire : « La version latine, dit M. Clairin, est l'exercice peut-être le plus propre à montrer les qualités de l'esprit d'un élève, et c'est précisément par l'usage qu'il sait faire du dictionnaire que l'élève révèle son intelligence. Loin de réduire la version à un exercice mécanique, l'usage bien compris du dictionnaire en fait un exercice particulièrement propre à montrer les qualités actives et personnelles. C'est par lui qu'on apprend souvent comment un latinisme peut trouver son équivalent dans une expression bien française. Si une difficulté se présente, on lit l'article du dictionnaire, on réfléchit sur les divers exemples cités, on les compare : par la comparaison, le contraste ou l'analogie, on décide son choix d'une manière raisonnée, on montre ce que l'on possède en force de raisonnement, en pénétration, en goût. Y a-t-il beaucoup d'exercices comparables? » Le goût gagne autant que l'esprit à la pratique de la version latine... »

L'auteur rappelle enfin que « le Beau est présenté avec un éclat incomparable » dans les œuvres des « grands maîtres de la pensée humaine, » œuvres d'où sont tirés les textes à traduire.

On verra d'ailleurs dans la suite combien d'attention, de réflexion et d'exactitude demande la traduction d'une version si l'on veut bien rendre la nuance de chaque mot comme on le demande en... Première (j'allais dire en Rhétorique !)

CHAPITRE II

MÉTHODE A SUIVRE POUR FAIRE UNE BONNE VERSION

Mais commençons plutôt par donner les conseils généraux que nous croyons nécessaires pour la version et nous verrons ensuite à faire quelques petites observations de détail.

1°) Il faut lire *attentivement* le texte latin : si l'on a le bonheur de comprendre à première vue, on a des chances de n'avoir point fait de contre-sens. Cependant au moment définitif d'écrire, bien regarder chaque mot, car, emporté par une première idée, on aurait pu voir dans la suite un sens tout différent de celui qu'a donné l'auteur à sa phrase, et pour arriver à ce sens auquel on s'est entêté à tort, ne pas hésiter à sous-entendre des mots là où il n'y en a pas besoin, souvent même des mots qu'on n'a pas le droit de sous-entendre [1]; leur donner un sens qu'ils n'ont jamais eu et au besoin (ce besoin est malheureusement trop fréquent surtout chez les étourdis) pécher contre Lhomond.

II°) Pour traduire une phrase, chercher *le sujet* (toujours au nominatif, sauf dans la construction infinitive où il est à l'accusatif), puis *le verbe* (toujours en accord en nombre avec son sujet; et enfin *le complément* (toujours au cas régi par le verbe).

III°) *Ne jamais deviner.*

IV°) *Ne jamais s'éloigner du mot à mot grammatical.* En s'accordant des concessions plus ou moins grandes, on arriverait à faire dire à l'auteur tout ce qu'on voudrait. Il faut donc s'arrêter le temps nécessaire à un passage qui *semble*

1. Rigoureusement les seuls mots qu'on ait le droit de sous-entendre sont : { *est* & *sunt* } On en rencontrera très peu d'autres dans la pratique.

incorrect : comme on ne vous donne à traduire que d'excellents auteurs, c'est que ce passage a certainement un autre sens qu'il s'agit de **trouver** (en s'aidant de l'ensemble des idées de la version et en faisant un mot à mot encore plus exact, surtout enfin en examinant bien si l'on n'a point laissé se glisser quelque étourderie [1],) *mais non pas de* **deviner** : Celui qui *trouve* montre par là son intelligence, car le correcteur connaît très bien les passages susceptibles d'embarrasser ses élèves ; tandis que celui qui *devine* a quatre-vingt-dix-neuf chances sur cent de deviner à côté et de ne se montrer qu'un gros étourdi, (on a vu plus haut un exemple de ce cas : petivit regi). Quand je dis qu'il ne faut jamais s'écarter du mot à mot, il faut bien comprendre ce que je veux dire : à savoir qu'il ne faut pas, sous prétexe d'orner la traduction, *ajouter* au texte et s'exposer à faire des faux-sens, voire même des contre-sens. Il faut bien se rap-

1. Les fautes d'étourderie dont le latin est l'ennemi déclaré sont beaucoup plus graves qu'on ne se l'imagine souvent : car on a beaucoup plus de mal à les corriger que les autres, parce qu'on les refait constamment.

peler que quand nous traduisons, nous n'avons à émettre aucune idée personnelle, et que tout notre effort ne doit tendre qu'à rendre le plus exactement possible la pensée de l'auteur de la version. *Mais* il ne faut pas non plus, quand on a atteint une certaine force, (c'est-à-dire dès la troisième), ramper sur le mot à mot. C'est à l'élève intelligent de garder un juste milieu en ne visant qu'à être *exact* et à écrire *en bon français*[1]. La première qualité d'une version de baccalauréat devra donc être uniquement : une *élégante exactitude*. J'appelle *élégant* le traducteur qui sort de la gaîne du mot à mot, et *exact*, celui qui rend exactement, non seulement la pensée en gros de l'auteur, (c'est-à-dire qui évite les contre-sens) mais encore, les nuances des mots (c'est-à-dire qui évite les faux-sens).

V°) Sans doute on ne peut pas défendre à un élève de faire des contre-sens, mais des non-

---

1. « La plupart des traducteurs, disait Voltaire, gâtent leur original, ou par une fausse ambition de le surpasser, qui les rend infidèles, ou par une plate exactitude qui les rend plus infidèles encore. »

sens, oui! *Il ne faut jamais écrire une chose que l'on ne comprend pas.* Mieux vaut à condition de ne pas en abuser — laisser en blanc — ou faire un contre-sens au moins sensé. Mais on ne doit recourir à ce moyen et par conséquent se décourager qu'après avoir cherché longtemps, (ce que pourra toujours vérifier le correcteur en faisant expliquer à l'élève ce qui l'a l'embarrassé et arrêté.) — *Voir à ce sujet* **VII°**.

VI°) Toujours chercher dans le dictionnaire les locutions qu'on aurait le malheur de ne pas connaître, telles que : *optimus quisque, unus justissimus, decimus quisque, major spe,* etc... On ferait un contre-sens en les traduisant mot à mot. (MM. Yrondelle et Crouzet les ont traduites pour la plupart dans les ouvrages déjà cités[1].

VII°) Dans le cas où un passage vous embarrasserait, le laisser de côté, continuer la version, puis y revenir. — Peut-être les idées qui

1. A propos du dictionnaire, quand on cherche un mot, toujours essayer d'abord le premier sens indiqué qui est le sens qu'avait primitivement le mot, (sens tiré de sa racine) — avant d'avoir subi des modifications importantes.

le suivent vous aideront-elles, avec le mot à mot, à trouver ce qu'il veut dire. Il arrive parfois que l'esprit s'obstine à vouloir voir quelque chose qui n'existe pas et souvent, après avoir fait autre chose, on a plus de chances de voir comme il faut (quelquefois même de tomber sur le vrai sens du premier coup, par un simple déplacement de mot).

VIII°) Dans les longues phrases, ne jamais perdre de vue la proposition principale et son idée, le sujet et le verbe qui est presque toujours à la fin. On connaît la fameuse pièce d'Horace où le mot capital de la phrase se fait attendre jusqu'au vingt-sixième vers. Dans ce cas, on commence par traduire la principale, puis chaque petite proposition à part et l'on essaie de faire le français.

IX°) Dans la traduction :

a) La plupart du temps, supprimer les lourdes conjonctions de liaison : *car, mais, c'est pourquoi, et en effet, cependant*, etc... (que nous sommes obligés d'ajouter au texte français pour les mettre en latin quand nous faisons des thèmes.)

b) Couper les phrases trop longues.

c) Ne pas abuser des : *qui, que, quels*, etc... très fréquents en latin.

d) Attacher une importance particulière au choix des mots ; (veiller aux nuances.)

e) Ne pas se croire obligé de remplacer servilement « des substantifs par des substantifs, des adjectifs par des adjectifs, des verbes par des verbes. » Comme le dit M. Yrondelle, « on ne fait pas une version, comme on joue aux dominos ou au loto. »

f) Garder, *autant que possible*, dans la traduction, l'ordre logique des mots dans la phrase latine.

X°) Enfin — j'ai placé ce conseil le dernier parce que je désire insister sur son importance qui aurait dû le mettre second. — *Faire un mot à mot on ne peut plus rigoureux.* — Ce mot à mot nécessite une grande attention. Les débutants se laissent trop guider par leurs maîtres qui les reprennent doucement quand ils se trompent, et ils arrivent jusqu'en première avec la déplorable habitude de prendre pour complément d'un verbe actif un substantif au nominatif, et si ce dernier est féminin, de ne jamais oublier de lui faire se rapporter un adjectif au masculin ou au neutre! On ne peut hélas! s'imaginer combien sont fréquentes de telles étourderies. (Il est même très bien porté de répondre, sans autrement se troubler, au professeur qui montre une faute éléphantesque : « Ah oui! Tiens, je n'avais pas fait attention! » — En effet qu'est-ce que c'est que l'attention? Fi donc! Ce n'est pas digne de nous! On verra plus tard dans la vie ce que seront capables de faire ces naïfs étourneaux!)

Le mot à mot offre encore l'avantage de vous obliger à traduire un futur par un futur, un imparfait par un imparfait; et à vous demander pourquoi l'auteur a employé tel mode et non pas tel autre.

N'ayez donc point peur, quand vous n'êtes encore qu'un tout jeune latiniste, de faire dans le mot à mot, un français plus ou moins barbare et ne craignez pas de dire : je crois lui être sage. Le principal alors est que vous traduisiez : *mihi colenda est virtus* par : la vertu est devant être honorée par moi; et que vous ne soyez point tentés d'écrire : *a me* au lieu de : *mihi*. Le principal alors est que vous sachiez bien votre grammaire et que vous ne fassiez point de *fautes d'étourderie*. Et après, on vous aidera bien à mettre en bon français votre traduction littérale, jusqu'au jour où vous deviendrez vous-mêmes capables de le faire. Mais on doit accorder une importance *capitale* au mot à mot. Au baccalauréat, pourvu que votre français soit correct, on ne vous demandera que d'éviter les contre-sens. Vous n'y arriverez qu'en vous appuyant sur un mot à mot rigoureux et en vous y habituant dès que vous ferez des versions [1].

---

1. Un jour que j'exposais à un de nos plus distingués professeurs de Paris les avantages qu'offrait, à mon sens, la traduction de : credo Deum esse sanctum, par : je crois Dieu être saint, il me fit observer que cette traduction présentait le danger d'habituer l'élève à parler mal le français et que d'ailleurs c'était une précaution inutile parce que le jeune latiniste devait savoir que credo Deum esse sanctum était la seule manière dont disposait le latin pour rendre : je crois que Dieu est saint.

Les avis sont très partagés sur cette question, mais je répondrai à cette objection que de deux choses l'une, ou le mot à mot que l'on pratique depuis si longtemps et dont on s'est assez bien trouvé jusqu'ici, est inutile ou ne l'est pas. Si l'on convient de son utilité, il faut faire un mot à mot littéral, ou, si l'on en disconvient n'en point faire du tout. Je me rappelle qu'un jour un élève du troisième, de force très moyenne, ayant à faire un thème où l'on rapportait les différentes versions de la mort de Pythagore et où se trouvait cette phrase : « Quelques-uns disent que certains disciples, qu'il n'avait pas voulu recevoir, en furent tellement indignés qu'ils mirent le feu à sa maison », l'avait traduite ainsi : *Nonnulli memorant* **discipulos quosdam,** *quos ad se admittere noluerat, id tam* ægre **passi fuerunt** ut, etc... Après avoir invité l'élève à se relire, son professeur, voyant qu'il ne trouvait aucune faute dans sa traduction, le pria de faire un mot à mot aussi exact que possible. M*** fit un mot à mot qui n'en était pas un, en disant : Quelques-uns rapportent que certains disciples qu'il n'avait pas voulu recevoir, *supportèrent* cela, etc... Alors son professeur invita l'élève, qui, s'appliquant de toutes ses forces, comprenait de moins en moins, à traduire littéralement, un infinitif par un infinitif et à n'ajouter au texte aucun mot. L'élève fit ce qu'on lui disait et s'aperçut enfin de sa grosse faute qu'il s'empressa de corriger.

Quant au danger que pourrait offrir une telle traduction au point de vue du français, je crois que si l'on admet que le jeune latiniste doit savoir que : *credo Deum esse sanctum* est la seule manière de rendre en latin : Je crois que Dieu est saint, on m'accordera bien que le jeune français doit savoir qu'aucun de ceux qui l'entourent ne songe à dire : Je crois mon fils être à Paris, ou, je crois Dieu être saint, à moins d'être... un Anglais naturalisé Français.

CHAPITRE III

APPLICATION DE LA MÉTHODE

Essayons maintenant d'appliquer les conseils précédents: Soit à traduire la phrase suivante: *Petrus dicit sibi opus esse medico atque se nunc visum ire num apud eum* (= *domi*) *sit*. — Nous rappelant les règles que nous avons remarquées au chapitre III de la première partie, à propos de cette phrase (exemple), nous pouvons traduire en mot à mot : Pierre dit être besoin à lui-même du médecin et lui-même aller voir actuellement s'il est chez lui ; ce qui nous donnera en français : Pierre dit qu'il a besoin du médecin et qu'il va voir actuellement s'il est chez lui. Cette traduction nous permet de constater l'avantage qu'a le latin sur le français de pouvoir montrer au moyen du réfléchi et du démonstratif quand il s'agit de Pierre et quand il s'agit du médecin [1]. Cette indication étant fort précieuse dans certains cas pour aider à comprendre le sens général de la phrase, parfois même de toute la version, on voit qu'il est indispensable de connaître très bien l'emploi respectif du réfléchi et du démonstratif.

D'ailleurs, soient à traduire les phrases suivantes.

(**1**) Beneficium qui dedisse se dicit, petit.

Qui dicit se dedisse beneficium, petit	[Celui] qui dit soi avoir rendu [un] service [en] demande [un]	FRANÇAIS — Rappeler qu'on a rendu service, c'est en demander le paiement.

(**2**) Mora cogitationis diligentia est.

Mora cogitationis est diligentia	La lenteur de la réflexion est diligence	FRANÇAIS — C'est de la diligence que de prendre tout son temps à réfléchir.

1. Souvent en français, on est obligé, pour éviter l'ambiguité, de répéter le nom.

(**3**) Heredis fletus sub persona risus est.

Fletus	Une larme	FRANÇAIS
heredis	d'héritier	—
est	est	Pleurs d'héritier,
risus	un rire	rires sous masque.
sub	sous	
persona	un masque	

(**4**) Proximum tenet locum confessio innocentiæ.

Confessio	L'aveu	FRANÇAIS
tenet	tient	—
locum	un lieu	L'aveu est bien près
proximum	très proche	de l'innocence.
innocentiæ	de l'innocence	

(**5**) Qui timet amicum vim non novit nominis.

Qui	[Celui] qui	FRANÇAIS
timet	craint	—
amicum	un ami	Craindre un ami, c'est
non novit	ne connaît pas	ignorer la force de ce mot.
vim	la force	
nominis.	de [ce] mot.	

(**6**) Cui plus licet quam par est, plus vult quam licet.

Cui	[Celui] à qui	
licet	il est permis	
plus	plus	
quam	qu'	FRANÇAIS
est	il [n']est	—
par,	convenable,	Celui qui a trop de licences
vult	veut	en abuse
plus	plus	
quam	qu'	
licet	il [n']est permis	

(**7**) Tam deest avaro quod habet quam quod non habet.

Quod	Ce qu'	FRANÇAIS
habet	il possède	—
deest	manque	L'avare est aussi bien
tam avaro	autant à l'avare	privé de ce qu'il a que
quam quod	que ce qu'	de ce qu'il n'a pas
non habet	il ne possède pas	

(**8**) Tuta sæpe, nunquam secura, mala conscientia est. (P. Syrus.)

Mala	La mauvaise	FRANÇAIS
conscientia	conscience	—
est sæpe	est souvent	Les mauvaises consciences
tuta,	à l'abri du danger,	ne courent souvent
nunquam	jamais	aucun danger, mais elles
secura.	sans inquiétude.	l'ont toujours à redouter.

(**9**) Tuta scelera esse possunt, secura esse non possunt. (SÉNÈQUE.)

Scelera possunt esse tuta, nunquam secura.	Les crimes peuvent être à l'abri du danger, jamais sans inquiétude.	FRANÇAIS — Les criminels[1] peuvent échapper au châtiment, mais ils ne sont jamais tranquilles.

(**10**) Nimium altercando veritas amittitur.

Veritas amittitur altercando nimium.	La vérité se perd en discutant trop.	FRANÇAIS — A trop discuter on perd de vue la vérité.

(**11**) Pars beneficii est quod petitur, si belle neges.

Est pars beneficii quod petitur, si neges belle.	[C']est une partie du service qui est demandé, si tu refuses avec grâce.	FRANÇAIS — Savoir refuser avec grâce, c'est accorder une partie du service qu'on vous demande.

1. Hypallage.

(**12**) Occultæ inimicitiæ magis timendæ sunt quam apertæ. (Cicéron.)

Inimicitiæ occultæ sunt magis timendæ quam [inimicitiæ] apertæ.	Les haines cachées sont plus devant être craintes que [les haines] ouvertes.	FRANÇAIS — Les haines dissimulées sont plus à craindre qu'un franc ressentiment.

(**13**) Quod vult habet, qui velle quod satis est potest.

Qui potest velle quod est satis habet quod vult.	[Celui] qui peut vouloir ce qui est } suffit assez } a ce qu'il [veut	FRANÇAIS — Celui qui sait borner ses désirs au nécessaire, peut toujours les satisfaire

(**14**) Necesse est sibi nimium tribuat, qui se nemini comparat. (Quintilien.)

Necesse est qui se comparat	Il est nécessaire [que] [celui] qui [ne] se compare	FRANÇAIS — Celui qui ne se compare

nemini tribuat nimium sibi [1].	à personne présume trop de lui.	à personne en arrive nécessairement à trop s'en faire accroire.

(**15**) Licet ipsa vitium sit ambitio, frequenter tamen causa virtutum est. (QUINTILIEN.)

Licet ambitio ipsa sit vitium, frequenter tamen est causa virtutum.	Bien que l'ambition [en]elle-même soit un défaut souvent cependant elle est la cause de vertus.	FRANÇAIS — Si l'ambition en elle-même est un défaut, que de vertus pourtant fait-elle naître !

(**16**) Scire mori, sors prima viris, sed proxima cogi. (LUCAIN.)

Sors prima viris [est]	Le sort premier pour les héros [est]	FRANÇAIS — Sans doute le sort le plus

---

1. Pour arriver au sens neutre (assez fréquent) de : *tribuere,* on a dû sous-entendre un mot comme : *laudes, honorem, fidem,* etc... Ici, c'est le sens de : trop présumer de soi-même.

scire	[de] savoir	
mori, sed	mourir mais	enviable pour les héros est de
proxima	le second	savoir mourir, mais après
[est]	[est]	celui-là, c'est d'y être forcé.
cogi	[d'y] être forcé.	

Versions d'application.

LOCA MUTATA ANIMUM NON MUTANT

Hoc tibi soli putas accidisse et admiraris quasi rem novam quod peregrinatione tam longa et tot locorum varietatibus non discussisti tristitiam gravitatemque mentis. Animum debes mutare, non cœlum. Licet vastum trajeceris mare, licet, ut ait Virgilius noster, « terræque urbesque recedant », sequentur te, quocumque perveneris, vitia. Hoc idem cuidam querenti Socrates ait : Quid miraris nihil tibi peregrinationes prodesse, cum te circumferas? ». Premit te eadem causa, quæ expulit. Quid terrarum juvare novitas potest? Quid cognitio urbium aut locorum? In irritum cedit ista jactatio. Quæris quare te fuga ista non adjuvet? Tecum fugis. Onus animi deponendum est : non ante tibi ullus placebit locus.

Vadis huc et illuc ut excutias insidens pondus, quod ipsa jactatione incommodius fit. Quicquid facis, contra te facis et motu ipso noces tibi : Ægrum enim concutis. At cum istud exemeris malum, omnis mutatio loci jucunda fiet. In ultimas expellaris terras licebit, in quolibet barbariæ angulo colloceris, hospitalis tibi illa qualiscumque sedes erit.

(Sénèque.)

Traduction juxtalinéaire.

Putas hoc accidisse	Tu penses cela être arrivé
tibi soli	à toi seul
et admiraris quasi	et tu t'étonnes comme
rem novam quod	d'une chose étrange que
peregrinatione tam longa	[malgré] de si longues pérégrinations
et varietatibus tot locorum	et les variétés de tant de lieux
non discussisti	tu n'as pas secoué la
tristitiam gravitatemque	tristesse et la mélancolie
mentis.	de [ton] esprit.
Animum	[C'est [1]] [d']humeur

1. La seule manière qu'on ait de rendre : *c'est* en latin, c'est de mettre le mot sur lequel on veut insister en tête de la phrase, comme ici : *animum.*

debes mutare,	[que] tu dois changer,
non cœlum.	non de climat.
Licet trajeceris	Bien que tu aies traversé
vastum mare,	la vaste mer,
licet, ut ait	bien que, comme [le] dit
noster Virgilius,	notre Virgile,
« terræque urbesque recedant »,	les pays et les villes [semblent] s'éloigner [1],
vitia sequentur te	[ces] défauts te suivront
quocumque perveneris.	où que tu ailles.
Socrates ait cuidam	Socrate dit à quelqu'un
querenti hoc idem :	se plaignant de la même chose :
« Quid miraris	Pourquoi t'étonnes-tu [de ce que]
peregrinationes nihil tibi prodesse	les voyages [ne] te servent de rien
cum te circumferas? »	tant que [c'est] ton moi [que] tu portes en toi? »
Eadem causa quæ expulit	La même cause qui t'a fait partir
premit te.	t'accable [encore].
Quid novitas terrarum	En quoi la nouveauté des pays
potest juvare?	peut-elle [te] soulager?
Quid cognitio urbium	En quoi la connaissance des villes
aut locorum	ou d'endroits
[potest juvare]?	[peut-elle te soulager]?
Ista (...) jactatio	Ce mouvement [continuel]
cedit in irritum.	n'aboutit à rien.
Quæris quare	Tu [te] demandes pourquoi
ista (...) fuga	cette fuite insensée (...)
non adjuvet te?	ne t'est pas utile?

1. Illusion dont sont les jouets les passagers d'un navire.

Tecum fugis.	[C'est] avec ton moi [que] tu fuis.
Onus animi	Le fardeau de ton esprit
deponendum est.	est devant être mis à terre.
Ante non ullus locus	Auparavant aucun lieu
tibi placebit.	[ne] te plaira.
Vadis huc et illuc ut excutias	Tu vas çà et là pour secouer
pondus insidens,	un poids placé sur [ton esprit],
quod fit incommodius	qui devient plus gênant
jactatione ipsa.	par [ton] mouvement lui-même.
Quidquid facis, facis contra te,	Tout ce que tu fais, tu [le] fais contre toi,
et noces tibi motu ipso :	et tu te nuis par [ton] agitation même :
ægrum enim concutis.	[c'est] un malade en effet [que] tu secoues.
At cum exemeris	Mais quand tu auras dissipé
istud malum	ce spleen,
omnis mutatio loci	tout changement de lieu
fiet jucunda tibi.	deviendra agréable pour toi.
Licebit expellaris	Bien que tu sois exilé
in ultimas terras,	dans les contrées les plus lointaines,
[licebit] colloceris	[bien que] tu sois placé
in quolibet angulo	dans un coin quelconque
barbariæ,	de la terre barbare,
illa sedes, qualiscumque,	cette demeure, quelle qu'elle [soit,
erit hospitalis tibi.	sera hospitalière pour toi.

Français.

Vous vous imaginez qu'il n'est arrivé qu'à vous — et vous vous en étonnez comme si c'était surprenant — de n'avoir pu secouer au cours de vos longues pérégrinations à travers des pays si divers, la tristesse et le spleen qui obsèdent votre esprit. C'est d'humeur qu'il vous faut changer, non pas de climat. Vous pourrez avoir traversé l'immensité des mers et cru voir s'éloigner le rivage, comme le dit notre cher Virgile, vos défauts vous suivront, partout où vous irez. Un jour qu'on se plaignait de la même chose à Socrate, celui-ci répondit : « Pourquoi vous étonner de l'inutilité de vos voyages, quand c'est votre *moi* que vous promenez ainsi ? » Il vous accable encore, ce même mal qui vous a fait partir. En quoi d'ailleurs la vue de pays nouveaux et la connaissance des villes et des contrées peuvent-elles vous soulager? Ce mouvement perpétuel, cette fuite insensée n'aboutissent à rien et si vous cherchez à savoir pourquoi, c'est que c'est avec votre *moi* que vous fuyez. Il faut vous débarrasser du fardeau qui pèse sur votre esprit : auparavant, aucun lieu ne saurait vous plaire. Vous courez çà et là pour vous alléger d'un poids que rend encore plus insupportable votre agitation continuelle. Tout ce que vous faites, c'est à contre-cœur que vous le faites : vos déplacements ne peuvent que vous nuire, car c'est un malade que vous heurtez sans cesse. Mais quand vous aurez secoué votre maladie, tout changement de lieu deviendra un plaisir pour vous. Ah! alors, vous aurez beau être exilé dans les contrées les plus éloignées, dans un coin quelconque des pays barbares, votre nouvelle résidence, quelle qu'elle soit, vous sera toujours hospitalière.

Texte.

LA CÉCITÉ N'EMPÊCHE PAS LE BONHEUR

Animo multis modis variisque delectare licet, etiam si non adhibeatur adspectus. Loquor enim de docto homine et erudito cui vivere est cogitare. Sapientis autem cogitatio non ferme ad investigandum adhibet oculos advocatos. Etenim si nox non adimit vitam beatam, cur dies nocti similis adimat? Appium quidem veterem illum, qui cæcus annos multos fuit et ex magistratibus et ex rebus gestis intellegimus in illo suo casu nec privato, nec publico muneri defuisse. Democritus, luminibus amissis, alba scilicet et atra discernere non poterat; at vero bona mala, æqua iniqua, honesta turpia, utilia inutilia poterat : et sine varietate colorum licebat vivere beate, sine notione rerum non licebat. Traditum est etiam Homerum cæcum fuisse. Quid aut Homero ad delectationem animi ac voluptatem aut cuiquam docto defuisse unquam arbitramur? An, ni ita se res haberet, Anaxagoras aut hic ipse Democritus agros et patrimonia sua reliquissent, huic discendi quærendique divinæ delectationi toto se animo dedissent? Itaque augurem Tiresiam, quem sapientem fingunt poetæ, nunquam inducunt deplorantem cæcitatem suam; at vero Polyphemum Homerus cum immanem ferumque finxisset, cum ariete etiam colloquentem facit ejusque laudare fortunas [1], quod quæ vellet in-

1. Cf. supra : Anacoluthe.

gredi posset et quæ vellet attingere. Recte id quidem : nihilo enim erat ipse cyclops quam aries ille prudentior.

CICÉRON (*Tusculanes*).

N. B. Je laisse au lecteur le soin de faire le mot à mot qui est assez facile.

Traduction en français.

Il reste encore à l'esprit assez d'autres plaisirs, même s'il a perdu celui de la vue. Je parle bien entendu du lettré et du savant dont la vie n'est qu'une longue méditation, or, pour méditer, le sage n'a guère besoin de ses yeux. D'ailleurs puisque la nuit ne nous ôte pas le bonheur, pourquoi l'aveugle, pour qui les jours sont autant de nuits, ne pourrait-il pas en jouir? Nous avons pu constater par ses magistratures et ses hauts faits qu'Appius, bien qu'aveugle depuis nombre d'années, n'avait jamais manqué à son devoir, ni dans sa vie privée, ni dans sa carrière politique. Sans doute, Démocrite, après avoir perdu les yeux, ne pouvait plus distinguer le blanc du noir, mais il pouvait encore discerner le bien du mal, la justice de l'iniquité, la vertu du vice, l'utile du superflu. Et qu'importe à notre bonheur que nous puissions distinguer la variété des couleurs, si nous n'avons pas la notion des choses? La légende rapporte aussi qu'Homère était aveugle. Or que pensons-nous qui lui ait manqué, à lui ou à quelque autre savant, pour goûter tous les plaisirs que l'âme puisse éprouver? Mais Anaxagore et Démocrite auraient-ils sans cela quitté leur campagne et leurs biens pour s'adonner tout entiers à ce charme divin qu'on puise dans la recherche et la découverte de la vérité? Aussi les poètes, qui nous représentent l'augure Tirésias comme un sage, ne nous le montrent jamais se plaignant de ce qu'il est aveugle. Homère, au contraire, nous ayant donné Polyphème pour un homme barbare et féroce, nous le représente s'entretenant avec un bélier, et enviant le bonheur de cet animal, en ce qu'il peut aller où il veut et brouter où il lui plaît. Mais Homère avait raison, car le cyclope n'était pas plus raisonnable que son bélier.

Texte.

COMMENT IL FAUT ENVISAGER LES ÉPREUVES

Nolite, obsecro vos, expavescere ista quæ dii immortales, velut stimulos, admovent animis. Calamitas virtutis occasio est. Illos merito quis dixerit miseros qui nimia felicitate torpescunt, quos velut in mari lento tranquillitas iners detinet. Quicquid illis inciderit, novum veniet. Magis urgent sæva inexpertos : ad suspicionem vulneris tiro pallescit, audacter veteranus cruorem suum spectat, qui scit se sæpe vicisse post sanguinem. Hos itaque Deus quos probat, quos amat, indurat, exercet ; eos autem quibus indulgere videtur, quibus parcere, molles venturis malis servat. Erratis enim si quem judicatis exceptum : veniet et ad illum diu felicem sua portio : quisquis videtur dimissus esse, dilatus est. Quare Deus optimum quemque aut mala valetudine, aut luctu, aut aliis incommodis afficit? Quare in castris quoque periculosa fortissimis imperantur? Dux lectissimos mittit qui nocturnis hostes aggrediantur insidiis, aut explorent iter, aut præsidium loco dejiciant. Nemo eorum qui exeunt, dicit : « Male de me imperator meruit, » sed : « Bene judicavit ». Idem dicant quicumque jubentur pati timidis ignavisque flebilia : « Digni visi sumus Deo, in quibus experiretur quantum humana natura posset pati. »

SÉNÈQUE (*de Providentiā*).

Traduction en français.

Ne redoutez pas tant, je vous en conjure, ce que les immortels peuvent vous envoyer pour stimuler votre courage. Le malheur vous offre une occasion de le montrer. Ceux qu'à bon droit on pourrait appeler malheureux, ce sont ceux qu'un bonheur excessif engourdit et que charme comme sur une mer tranquille un calme trop plat. Tout ce qui leur arrivera sera nouveau pour eux, or le malheur frappe davantage ceux qui ne le connaissent point. C'est ainsi qu'un jeune soldat pâlit à l'idée d'une plaie, tandis que le vétéran regarde courageusement son sang couler : car il sait que souvent la victoire a succédé à ses blessures. Et voilà pourquoi Dieu endurcit et éprouve ceux qu'il estime et qu'il aime ; ceux au contraire qu'il semble épargner en leur pardonnant, il ne fait qu'augmenter leur sensibilité pour les maux qu'il leur enverra. Vous vous trompez donc si vous croyez que quelqu'un fasse exception : celui-là qui pendant longtemps a joui du bonheur, aura, lui aussi, sa part d'épreuves, et ceux qui semblent à jamais épargnés ne sont qu'ajournés. Pourquoi sont-ce les meilleurs que Dieu affecte d'une mauvaise santé, ou d'un deuil, ou d'autres chagrins? Mais pourquoi aussi dans l'armée sont-ce les plus braves qu'on charge des missions dangereuses? N'est-ce point l'élite de ses troupes que le général en chef envoie attaquer l'ennemi de nuit, faire des reconnaissances ou chasser d'une citadelle une garnison? Aucun de ceux qui partent ne dit : « Mon général a mal mérité de moi », mais : « C'est qu'il a bien auguré de moi. » Puissent penser de même ceux qui sont contraints de souffrir des maux qui feraient pleurer les faibles et les lâches, en se disant : « C'est que c'est nous que Dieu a choisis comme étant les plus dignes de lui montrer jusqu'à quel point pouvait souffrir la nature humaine. »

Enfin voici deux textes que vous pourrez vous exercer à traduire :

DU DÉSIR DE SAVOIR :

Tantus (7) est (5) innatus (6) in (8) nobis (9) cognitionis (2) amor (1) et (3) scientiæ (4), ut (10) nemo (11) dubitare (13) possit, (12) quin (14) ad (18) eas (19) res (20) hominum (16) natura (15) nullo (22) emolumento (23) invitata (21) rapiatur. (17) Videmusne (1) ut (2) pueri (3), ne (5) verberibus (7) quidem, (6) a (8) contemplandis (10) rebus (9) perquirendisque (11) deterreantur (4)? Ut (1) pulsi (2) recurrant (3)? Ut (1) aliquid (5) scire (4) se (3) gaudeant (2)? Ut (1) id (4) aliis (5) narrare (3) gestiant (2)? Ut (1) pompa, (3), ludis (4) atque (5) ejus (7) modi (8) spectaculis (6) teneantur (2), ob (10) eamque (11) rem (12) vel (13) famem (14) et (15) sitim (16) perferant (9)? Quid (2) vero (1)? Qui (4) ingenuis (7) studiis (6) atque (8) artibus (9) delectantur (5), nonne (1) videmus (2) eos (3) nec (12) valetudinis (13), nec (14) rei (15) familiaris (16) habere (10) rationem (11), omniaque (18) perpeti (17), ipsa (20) cogitatione (21) et (22) scientia (23) captos (19), et (24) cum (26) maximis (27) curis (28) et (29) laboribus (30) compensare (25) eam (31), quam (33) ex (35) discendo (36) capiant (34), voluptatem (32)?

CICÉRON.

LA JEUNESSE DU POETE :

Ille (8) ego (6) qui (5) fuerim (7), tenerorum (11) lusor (9) [amorum (10),
Quem (12) legis (13), ut (3) noris (4), accipe (1), Pos- [teritas (2).
Sulmo (1) mihi (4) patria (3) est (2), gelidis (7) uberri- [mus (5) undis (6),
Millia (14) qui (8) novies (12) distat (9) ab (10) Urbe [(11) decem (13).
Editus (4) hic (1) ego (2) sum (3) : nec non ut (5) tempora [(7) noris (6),
Cum (8) cecidit (11) fato (12) consul (10) uterque (9) [pari (13) : 1

---

1. Hirsius et Pausa tués le même jour.

Si (1) quid (4) id (2) est (3), usque (8) a (9) proavis (10)
[vetus (5) ordinis (7) heres (6);
Non (13) modo (14) fortunæ (16) munere (15) factus (11)
[eques (12).
Nec (1) stirps (4) prima (3) fui (2): genito (8) sum (6)
[fratre (7) creatus (5),
Qui (9) tribus (13) ante (15) quater (12) mensibus (14)
[ortus (10) erat (11).
Frater (1) ad (9) eloquium (10) viridi (13) tendebat (8)
[ab (11) ævo (12),
Fortia (5) verbosi (7) natus (2) ad (3) arma (4) fori (6).
At (1) mihi (5) jam (6) puero (7) cœlestia (2) sacra (3) pla-
[cebant (4);
Inque (11) suum (12) furtim (10) Musa (8) trahebat (9)
[opus (13).
Sæpe (1), pater (2) dixit (3); « Studium (6) quid (4) inu-
[tile (7) tentas (5)?
Mæonides (8) ipse (9) nullas (11) reliquit (10) opes (12). »
Motus (1) eram (2) dictis (3): totoque (4) Helicone (5) re-
[licto (6),
Scribere (8) conabar (7) verba (9) soluta (10) modis (11).
Sponte (1) sua (2) carmen (3) numeros (6) veniebat (4)
[ad (5) aptos (7);
Et (8), quod (9) tentabam (10) scribere (11), versus (13)
[erat (12).

OVIDE.

CONCLUSION

Il ressort de tout ce qui précède que les deux exercices qui nous occupent réclament une attention soutenue et beaucoup de réflexion. Ce sont les qualités essentielles et indispensables qui vous conduiront au succès certain quand vous connaîtrez bien votre grammaire.

Ce que je pourrais ajouter ne serait que du verbiage et c'est à dessein que je ne veux point embrouiller l'esprit de mes jeunes lecteurs, trop heureux si, comme je l'espère fermement, cet opuscule peut leur servir de guide assez sûr dans une étude aussi importante, et qu'il suffit de savoir leur présenter et de faire miroiter à leurs yeux pour rendre vraiment captivante.

TABLE DES MATIÈRES

Imprimerie Générale de Châtillon-sur-Seine. — A. Pichat.

www.ingramcontent.com/pod-product-compliance
Ingram Content Group UK Ltd.
Pitfield, Milton Keynes, MK11 3LW, UK
UKHW022117190726
13855UKWH00003B/913